Le prochain, c'est le bon !

Bénédicte Ann

Le prochain, c'est le bon !

Trouver l'âme sœur en 5 étapes

Albin Michel

Ouvrage publié
sous la direction de Laure Paoli

Sommaire

Introduction

On enseignerait aux autres ce que l'on a le plus besoin d'apprendre. Or, depuis toujours, l'amour demeure mon grand questionnement. Aimer, être aimé(e), est-ce possible ? Comment y parvenir ?

J'ai cherché des réponses dans les livres et ailleurs. Contre toute attente, durant mes études de psychologie, la vie m'offrit l'opportunité de lancer une agence de « mise en relation ». Je la décrivais comme un « intermédiaire de rencontres » pour éviter l'appellation « agence » connotée mariage et « club » associé au sexe. J'avais pour tout bagage l'énergie, la bonne volonté, l'aplomb et j'étais aux premières loges d'un observatoire grandeur nature des relations humaines. Assez rapidement, après avoir « relooké » des dizaines de postulants qui, à mes yeux, s'enlaidissaient soigneusement, je me formai et lançai en parallèle un des premiers cabinets parisiens de conseil en image personnelle.

Je consacrais du temps à comprendre comment les affinités se tissent, pourquoi certains remportent le trophée, quand d'autres échouent systématiquement, quels processus conduisaient ces Vénus au lit dès la première nuit ;

comment faire durer une relation. J'écoutais avec intérêt les raisons irrationnelles pour lesquelles ils ou elles ne donnaient pas suite. Je découvris une logique consternante de répétition du scénario amoureux à chaque nouvelle liaison. Régulièrement, j'envoyais les clients consulter un psy pour dépasser leurs difficultés. À partir de mon expérience sur le terrain (je multipliais les stages de développement personnel), je suggérais au cas par cas les directions thérapeutiques les plus adaptées. Leur *feed-back* me permit de valider mes observations. Je prodiguais des conseils efficaces, à partir d'une simple « photographie » de la situation et de questions sur les tranches de vie passées.

Le café de l'amour

Un matin d'hiver 2004, je créai le « café de l'amour ». Dans ce café philo d'un genre nouveau, j'ai reçu et écouté des hommes, des femmes, partagé leurs préoccupations sentimentales et sexuelles. J'ai également lu, accueilli et interrogé des auteurs, psychiatres, sociologues, psychologues, prêtres, chamanes, philosophes, psychothérapeutes. Souvent, j'ai suivi certaines de leurs formations…

Parallèlement, j'observais le « marché du célibat » et constatais que les questionnements du siècle précédent restaient d'actualité : aventure ou alliance, sexualité libre ou exclusive, désir d'enfant… Que faire du partenaire quand l'usure et les reproches ont remplacé le miel ? J'ai disséqué de nombreuses situations, analysé mille idylles, proposé autant d'issues. Aujourd'hui, il me semble opportun de transmettre cet apprentissage. S'il existait une règle en la matière, elle consisterait à prendre le temps d'écouter ce qui se passe en soi pour pouvoir, d'abord ou en même temps, se rencontrer et rencontrer l'autre à un endroit juste pour les deux.

Un parcours en 5 étapes pour vous aider à trouver une âme sœur

Si j'écoute les hommes, les femmes ne songent qu'à se caser ; à l'autre extrême, elles les prennent pour des sex-toys. Pour les femmes, non seulement ils ne pensent qu'à se glisser dans leur lit, mais beaucoup se révèlent à l'usage égoïstes, lâches, infidèles, dépassés par la libération sexuelle, peureux devant l'engagement, ou chargés d'autres tares (addictions, infidélité chronique, impuissance, etc.).

Pourtant, notre société offre une profusion de produits destinés à attirer ces messieurs et à conserver leur attachement. La presse suggère tout et son contraire : « Soyez cruelle, soumise, glamour, sauvage, complice, tigresse… » Autant de recettes pour apprivoiser ce fameux prince charmant dont toutes prétendent qu'il n'existe pas, mais auquel beaucoup se cramponnent encore secrètement.

Malgré tous ces outils et la révolution des moyens de

communication, hommes et femmes cheminent sans doute maladroitement, mais surtout comme ils peuvent sur ces nouveaux sentiers. Les uns admettent leurs contradictions ; ils ont apaisé leur passé, dépoussiéré leurs croyances, fluidifié leurs échanges sentimentaux. Bien qu'ils sachent ce qu'ils veulent, ils ne rencontrent pas de partenaire à leur goût. D'autres veulent contrôler chaque étape de la relation, faute de (se) faire confiance. Les derniers, encore perdus, multiplient les aventures pour se donner l'impression d'avancer.

Vous craignez que le prochain amour ne vous déçoive ? Vous accusez un âge avancé, un physique ordinaire ? Rassurez-vous, tout individu peut aimer ! Quelles que soient son histoire, ses éventuelles désillusions, son apparence, son origine, son année de naissance, une âme sœur correspond à son aspiration profonde. Pourquoi une âme sœur et pas l'âme sœur ? Bien qu'il existe dans l'absolu un nombre conséquent de partenaires possibles et compatibles, seules quelques âmes vibrent sur une fréquence similaire à la vôtre. Une âme sœur apparaît comme profondément bienveillante. Elle vous accueille intégralement (et attend naturellement la même chose de vous). Elle vous soutient, vous accompagne, contribue à votre développement.

Pour trouver cette âme sœur, je vous propose un travail en 5 étapes suivi d'exercices pratiques. Vous éviterez ainsi de vous retrouver à la case départ dans quelques mois. Mon approche s'articule autour des mots suivants : authenticité, motivation, valeurs et souplesse, fluidité, confiance, cohérence, inspiration.

Soyez-en convaincue, retrouvez votre regard d'enfant, quand tout semblait simple et possible : un être aimant et aimable va débouler dans votre vie. Vous le rencontrerez plus sûrement que si vous réagissez sur le mode « pff, encore des fadaises ! ». Ceux qui ont réalisé de grandes et belles choses (survivre à une maladie dite incurable, dompter des montagnes, aider les plus démunis) possédaient un point commun : ils y croyaient ! Et nul n'adhérera jamais plus intensément que vous à votre rêve. Alors, risquez-vous… Même si des amis vous découragent, continuez contre vents et marées à vous sentir investie par la quête de l'amour. D'ailleurs, faute d'y croire, vous croiserez plus probablement de personnes aussi désabusées que vous.

Dans l'étape 1, je vous expliquerai comment faire la paix avec votre passé amoureux, surmonter une rupture, qu'elle ait été choisie ou non ; les pièges à éviter et comment ne pas retomber dans le schéma de la répétition. Il est temps d'analyser lucidement vos relations passées pour déterminer les failles qu'elles révèlent ou les bénéfices cachés qu'elles vous ont procuré. Il est également temps de rebondir et…

L'étape 2 vous permettra de découvrir vos croyances erronées, limitatrices, les idées reçues qui vous empêchent de LE rencontrer. Ainsi que les « bonnes raisons » que vous avez de NE PAS le rencontrer… Une fois ces obstacles envolés, il sera temps de commencer à préparer SON arrivée dans votre vie.

L'étape 3 vous présentera le PAF, les perspectives amoureuses des femmes. Où en sont les relations hommes-femmes aujourd'hui et quels profils disponibles allez-vous croiser ?

L'étape 4 vous aidera à préciser qui vous souhaitez rencontrer, quelles valeurs vous allez partager et comment mettre toutes les chances de votre côté.

15

Enfin, l'étape 5 vous permettra de concrétiser votre démarche et de partager, enfin et durablement, une relation harmonieuse.

Le prochain sera le bon !

Mise en place et préparation du projet « Trouver une âme sœur »

• Pour commencer, achetez deux grands cahiers à spirales. Pourquoi deux cahiers ? Pour ne pas mélanger remugles du passé avec projets d'avenir. Vous intitulerez le premier, rouge de préférence : « Je trouve une âme sœur ». L'autre, bleu, s'appellera : « Casting d'une âme sœur ». Vous destinerez le premier aux étapes 1 à 3, le second aux étapes 4 et 5.

• Chaque fois que vous aborderez un exercice, inscrivez sur une nouvelle page (à droite) le titre. Puis tournez-là et suivez les consignes.

• Sur la première page du cahier rouge, écrivez : « Je trouve une âme sœur ».

• Sur la seconde page, rédigez votre lettre d'engagement, recopiez le texte de la page suivante et remplissez-le consciencieusement. Ne vous limitez pas, voyez large. Vous pouvez déborder sur les pages suivantes si nécessaire.

Modèle de lettre d'engagement envers moi-même

Ce que je veux accomplir, c'est :
Exemples :
– rencontrer un homme que j'aime et qui m'aime ;
– (re)devenir maman ;
– construire un couple et vivre avec un partenaire ;
– construire un couple « chacun chez soi » ;
– recomposer une famille ;
– perdre du poids/prendre du poids ;
– démarrer le Deltaplane ;
– mener mes enfants à bon port ;
– trouver un métier plus proche de ma sensibilité ;
– déménager ;
– suivre une formation, reprendre des études, découvrir l'aïkido ;
– me réconcilier avec… ;
– apprendre à jouer de la guitare, prendre des cours de chant ;
– courir le semi-marathon de Strasbourg ;
– etc.

Moi (votre prénom), je suis prêt(e) à enlever tous les obstacles qui se trouvent entre moi et la réalisation de tous ces buts. J'attire maintenant les gens, les endroits et les choses parfaites pour me soutenir dans ces projets.

Date/signature

Étape 1

Je fais la paix avec mon passé amoureux

La rupture

Qui n'a pas déjà rompu une ou plusieurs fois ? Il devient fréquent aujourd'hui de vivre différentes romances successives tout au long de son existence. Généralement, la plus importante dure une, voire deux décennies. Les autres se comptent en semaines, mois ou années, entrecoupées de périodes de célibat. Parfois, l'étape la plus longue implique mariage et enfant. Quels que soient votre âge, votre passé, la durée de l'union en question, dépasser et transformer cette phase délicate de votre vie influencera heureusement votre avenir sentimental. De vieilles blessures ont été réveillées ; mal cicatrisées, elles vous fragilisent : vous risquez alors de choisir un nouveau scénario amoureux étrangement ressemblant au précédent, qui vous conduira dans une impasse ou, au mieux, vers une relation de guérison. Commençons par les cas de figures les moins éprouvants.

Vous avez pris la décision ou elle vous convient…

Après mûre réflexion, vous vous êtes résolue à rompre. Durant la longue période d'hésitations, semée de doutes et d'ennui qui a précédé, vous ne vous sentiez plus éprise ; vous ignoriez comment faire passer le message. Désormais, vous traversez une période sensible mais un vent de liberté souffle. Cette séparation a pu se produire dans différentes circonstances :

• Si un tiers y a contribué, vous encourez de cruelles déconvenues. Après la phase transgressive et excitante, préparez-vous à découvrir l'être humain dissimulé derrière l'amant. Mais la perspective d'une vie plus exaltante compense, en partie seulement, votre sentiment de culpabilité.

• Peut-être la rupture a-t-elle été décidée d'un commun accord suite à une impasse ? Vous voilà soulagée, mais un peu nostalgique ; vous avez investi du temps, partagé des sentiments, des rêves, des amis, des voyages. Vous oscillez entre un attachement encore présent et le désir d'un ailleurs, d'un autre, plus exaltants…

• Vous souhaitiez vous éloigner en douceur. Vous avez donc laissé la situation se dégrader jusqu'à ce que votre partenaire, excédé, tranche. Intérieurement, vous jubilez. Extérieurement, vous accusez le coup, œil tombant, démarche de victime. Vous incarnez la candidate idéale pour le jeu de la *rivalité mimétique* tel que l'a conceptualisé René Girard[1]. En d'autres termes, si une inconnue trouvait votre ex à son goût, ce dernier reprendrait immédiatement de l'intérêt à vos yeux. Lorsque vous ne saviez plus comment vous en débarrasser, il vous paraissait tellement commun. Mais là, vous vous damneriez pour le reconquérir. Réfléchissez avant de succomber. Une fois qu'il aura quitté sa dulcinée, probablement un intermède de consolation, qu'espérez-vous ? Passé l'éblouissement des retrouvailles, il vous agacera à nouveau. Alors partez en croisade de récupération uniquement si vous vous imaginez encore en sa compagnie dans quelques années.

• Vous vous êtes fâchés sur un malentendu, pour une broutille. Vous avez dit des horreurs, écrit des vilenies. Vous avez péroré et, trop fière pour revenir en arrière, vous avez méprisé ses tentatives de rapprochement. Six mois, voire deux ans plus tard, vous vous revoyez et l'histoire repart sur des bases différentes. Pourquoi pas si vous vous investissez en conscience et réfléchissez à un projet commun ? Au moins, vous n'embarquerez pas à l'aveuglette.

• Peut-être, à l'instar du couple Richard Burton-Elisabeth Taylor, dans la vie et dans la pièce *Qui a peur de Virginia Woolf ?*, surfez-vous sur les vagues d'une passion fatale ? Vous pensez qu'il va changer et s'engager. Vous avez déjà cassé x fois, malgré tout, vous le savez, vous gagnerez la partie. De temps à autre, cela arrive, mais à quel prix ! Allez donc au bout du bout, sinon, vous aurez des regrets et replongerez

---

1. René Girard, *Mensonge romantique et vérité romanesque*, Hachette littératures, coll. « Pluriel », 2008, p. 18.

indéfiniment. Quand une liaison fusionnelle et intense emporte un être, l'inciter à la raison ne fonctionne jamais. Si l'histoire vous ronge, vous laisse en manque et en souffrance permanente, si l'élu ne peut ou ne veut s'engager, apparaît et disparaît, si vous rompez régulièrement sans pouvoir l'oublier, vous avez sans doute basculé dans une relation de dépendance. À ce stade, chercher un partenaire disponible ne mènera à rien. Vous devez d'abord comprendre ce qui vous attache indéfectiblement, trancher le lien et, avec le temps, reconsidérer vos critères et motivations. Il existe de nombreux livres sur la question ainsi que les DASA[1].

Vous avez été quittée récemment… et vous ne le souhaitiez pas!

À 20 ans comme à 60, un abîme s'ouvre… Chaque rupture vous déchire ; votre cœur saigne. Surprise, meurtrie, vous sombrez dans le désespoir. Il faut l'admettre, pour le moment, vous voilà au milieu du gué. Dès lors, vous subissez traversée du désert, angoisses, découragement, remises en cause. Selon les psychiatres, la durée moyenne d'un deuil amoureux se situe entre quelques mois et trois ans. Au-delà, ils suspectent une pathologie. Pour

---

1. Dépendants affectifs et sexuels anonymes : http://dasafrance. free.fr

Frédéric Fanget[1], chacun avance à son rythme, lentement ou pas, sans règle aucune.

Auto-psy d'une rupture

Selon Baudouin Burger[2], si dans l'ancien couple, vous avez déjà fait le deuil de projets communs et pleuré toutes les larmes de votre corps, pourquoi vous demander de pleurer encore ? Si vous acceptez sereinement la situation, que seule demeure la tristesse, pourquoi vous obliger à attendre avant d'être heureuse avec un autre ? Cette approche, bien que tentante, semble exceptionnelle. La plupart du temps, la personne concernée se croit libérée du deuil et (se) raconte une histoire ; un évitement qui, derrière une façade apparemment sereine, la protège de ce qui se passe en profondeur. Cette relation, souvent intermédiaire, dite de guérison, permet généralement de mieux supporter la douleur de la dernière rupture, d'accompagner positivement son processus de résolution et de préparer l'histoire suivante, plus importante. Parallèlement, comprendre le déroulement du deuil vous aidera à appréhender celui de l'autre lorsque vous serez rendue à la phase « Qui postule en face de moi ? » lors de l'étape 5.

---

1. Frédéric Fanget, *Où vas-tu ? Les réponses de la psychologie pour donner du sens à sa vie*, Les Arènes, 2007.
2. Baudouin Burger, *L'Entre-Deux Amours*, Éditions de l'Homme, 1992.

Les différentes manières de réagir après une rupture

Pendant la phase de panique qui suit une rupture, vous pouvez, dans le désordre : sombrer dans la déprime et pleurer toute la journée, accuser les hommes des intentions les plus abjectes, vous activer à l'excès pour oublier (ménage, travail), sombrer dans l'alcool, le shopping, l'herbe, la séduction. Des compensations peu glorieuses qui, pourtant, permettent de tenir la souffrance à distance. Crier sur les toits que Marc, cet ignoble pervers, vous a détruite, ou calomnier votre rivale au conseil municipal de votre ville vous soulagera quelques minutes, et après ? Vous passerez au mieux pour une écorchée, au pire pour une virago. Vous pensez déverser votre trop-plein de haine ? Malheureusement, l'animosité que vous crachez à l'extérieur n'atteint… que vous-même !

Respirez, calmez-vous et tournez-vous vers des amis bien intentionnés. Vous ne souhaitez pas les épuiser ? Alternez judicieusement les appels. Avec un peu de pratique, vous réaliserez que ces oreilles attentives projettent souvent sur vous leur propre peur d'être abandonnées. Au lieu de vous soutenir, elles parlent d'elles, de ce qu'elles feraient à votre place. Elles jugent : « Je te l'avais bien dit, je ne le sentais pas. Tu aurais dû, il n'y a qu'à, il faut, etc. » Parfois même, elles osent : « Tout le monde voyait bien que vous n'alliez pas ensemble. » À moins de fréquenter un thérapeute ou un coach aguerris, vous entendrez tout et n'importe quoi ; vous suivrez sans doute le conseil le plus juste selon votre intuition de l'instant.

Certaines personnes, découragées par ces avis contradictoires ou simplement dépassées par leurs pulsions, compromettent toute possibilité de retour :

> *Dans sa furie, Mona a déchiqueté les costumes de Vincent au cutter. Alice a aspergé ceux de Pierre d'eau de Javel. Aurore, munie des clés de Diego, s'est glissée la nuit dans son lit. Dépassé par ses hormones, ce dernier l'a honorée. Conclusion : elle s'est retrouvée enceinte et a refusé d'avorter. Nathalie a dépensé des centaines d'euros chez un « sorcier » pour déjouer les sorts de magie noire que Philippe, paraît-il, lui envoyait. Bertrand a crevé les pneus de l'Austin d'Isabelle. Jean a balancé un pavé dans le pare-brise d'Anaïs. Sébastien a envoyé des nus de Léna à tous ses contacts MSN. Didier s'est introduit dans l'ordinateur de Marlène et a détruit des dossiers professionnels importants.*

Parfois, pour échapper à votre souffrance, vous louvoyez, vous courrez après un clone de votre amour défunt sur un site de rencontre, garantie d'une pêche plus rapide. Cette fois, il vous adorerait. Naturellement, s'il tombait en pamoison, vous le mépriseriez dans la seconde. Sur ce genre de sites, vous hériterez rapidement d'un substitut de psy. Il vous invitera peut-être même à dîner. Parions qu'il écoutera patiemment les considérations philosophico-confuses destinées à justifier votre démarche ; puis il vous proposera de vous consoler de plus près… Une fois l'excitation retombée et les fastes de l'alcool dissipés, gare aux lendemains : dans les bras désaffectés du soupirant compensateur, le décalage avec l'homme que vous aimiez vous laissera pantoise, vous vous réveillerez plus triste et anéantie qu'avant. De plus, votre stock de croyances négatives décuplera et ajoutera de l'eau au moulin de vos projections : « Les hommes sont comme ceci, tous les mêmes, etc. »

Attention : les sites de rencontre pullulent aussi de membres récemment éconduits. Ils se rassurent quant à leur capacité de séduction. Au lieu de dire : « Mon ami(e) et moi venons de rompre. Je traverse une période un peu délicate », ils revisitent leur parcours et livrent une version enchantée dont ils se persuadent : « Nous nous sommes séparés d'un commun accord il y a quelques mois. Je vais bien, je me sens prêt(e) à construire maintenant. » Si comme eux vous succombez aux sirènes du Web, vous croiserez probablement des êtres aussi peu disponibles que vous, encore engagés au quotidien ou dans le fantasme. Et ce, malgré leur désir d'aller de l'avant et de se conjuguer rapidement avec une âme sœur.

Stop au délire

Souvent, malgré moult signes annonciateurs, vous n'avez « rien vu venir ». Le plus fréquemment, l'autre évoque dans le désordre : une incompatibilité à long terme (fin de la lune de miel), une amante, un désaccord sur le projet biologique (il ne veut finalement pas d'enfant), la découverte d'une addiction insupportable (alcool, jeu, ordinateur), la pression familiale (le clan s'oppose à l'union, son ex aliène sa progéniture et sabote l'idylle naissante), un enjeu professionnel (départ à l'étranger, promotion) ou amical (influence malfaisante d'un(e) proche). L'espoir de son retour, qui surviendrait à la suite d'une prise de conscience soudaine, appartient à la nébuleuse du folklore post-rupture. Ce mythe auquel vous

vous accrochez absorbe vos forces vitales et vous maintient dans la dépendance d'un éventuel changement d'attitude de sa part. Vous lui donnez le pouvoir de décider, un matin de blues ou de grande joie peu importe, de vous appeler, genou à terre, pour déclarer sa flamme et implorer votre pardon. Le premier pas consiste à accepter la réalité : il est parti, il ne reviendra pas ou alors plus tard, bref, dans une autre vie. Aujourd'hui, vous ne pouvez qu'intégrer cette information.

Récupérer son ex : une (bonne) idée ?

Si vous ne renoncez décidemment pas, procurez-vous sur Internet l'ibook *JRME, Je récupère mon ex*[1], plutôt bien fait et d'un bon rapport qualité/prix. Les conseils prodigués vous aideront à vous recentrer. Ce livre qui préconise le « silence radio » énumère la liste des erreurs fatales à éviter impérativement sous peine de voir fuir encore un peu plus votre amour : larmes, supplications, menaces, chantage au suicide, harcèlement, explications, discussions, argumentations, cadeaux, déclaration, promesses, demande en mariage, lettre d'amour, alcool, jeûne, laisser-aller, recoucher avec, contacter ses amis... « C'est en étant attirante, intéressante et originale, comme vous avez su l'être aux premiers jours de votre histoire que vous allez reconquérir votre ex. Il a été attiré par vous une fois, vous allez devoir faire en sorte qu'il le soit une seconde fois[2]. »

Récupérer votre ex, oui, si vous y tenez vraiment et s'il

---

1. www.jerecuperemonex.com
2. *Id.*

n'a pas déjà tiré un trait sur vous ! Vos échanges vous convenaient-ils ? Il s'est envolé pour des raisons précises, que vous ignorez peut-être ; vous n'avez pas changé entre temps. Et de son côté ? Recommencer aurait-il du sens ?

À éviter sauf si vous ne pouvez faire autrement

• N'enrichissez pas les voyantes et les marabouts. Ils vous vendront espoir lyophilisé, poudre de perlimpinpin et fiente de pigeon à prix d'or.

• Ne croyez pas les copines qui parient sur le retour de votre ex.

• Ne vous persuadez pas que l'amour ne sera plus jamais possible. N'endossez pas non plus, par complaisance, la panoplie de la veuve qui s'ignore (voir p. 70).

• N'écoutez pas en boucle de la « chick chansonnette » : « Sans toi, je ne suis rien », « En partant, tu as détruit ma vie », « C'est le désert depuis que tu m'as quittée, je n'ai plus le goût à rien », « Quand reviendras-tu, j'attendrai le jour et la nuit », etc.

• Ne pensez pas que *Ne me quitte pas* ou le *Requiem* de Mozart vous soient davantage recommandés. Chaque atmosphère sombre, tragique, négative vous renvoie immanquablement dans les tréfonds de votre souffrance.

• Ne vous amourachez du premier ersatz venu qui vous regardera avec des yeux de crapaud mort d'amour. Une fois passée la phase illusoire d'une renaissance dans ses bras, vous compterez un malheureux de plus sur un marché déjà bien encombré.

• Ne feuilletez pas compulsivement les pages de vos albums photos, ne passez pas sous ses fenêtres vérifier si sa voiture est là, ne retournez pas sur les lieux cultes de vos moments forts…

Après la rupture

Ne confiez pas les clés de votre bonheur à l'autre

Il s'agit d'un fait avéré, les femmes, plus aisément que les hommes, se lient corps et âme. Elles remettent leur vie aux bons soins de leur prince charmant. Mais qui est-il pour détenir ce pouvoir de vous rendre heureuse ? Dieu le Père ? Votre bonheur dépend de votre intériorité. Attendre passivement que la société, les autres vous apportent ce dont vous avez besoin, relève de l'irresponsabilité. « Accepter sa solitude fondamentale, c'est retrouver en soi quelque chose qu'on n'a pas l'habitude de rencontrer dans notre environnement, où le bonheur vient de l'extérieur (du couple, des vacances aux Seychelles, de la consommation…)[1] ». Plus vous serez habitée par vous-même, moins vous demanderez aux hommes de remplir ce vide intérieur.

Cessez de réécrire le film

Avec lui, vous avez vraiment vibré ; lui seul touchait votre cœur. Vous vous souvenez encore de ce week-end, du jour où vous avez pleuré de joie dans ses bras pour la première fois, des secrets confiés un soir d'intimité devant la cheminée… Les souvenirs remontent… Vous ignorez

1. Christophe Fauré, *Ensemble mais seuls*, Albin Michel, 2009.

comment les endiguer. Et brutalement, vous ressentez un état d'abandon terrible. Vous commencez à pleurer. Vous pourriez mourir de tristesse. Vous ne savez plus si vous destinez vos larmes à la souffrance d'aujourd'hui, à la nostalgie des moments d'émotion partagés avec l'être cher, à l'enfant perdu que vous étiez... quand votre mère a été en retard pour vous chercher à l'école ou quand votre père vous a disputée sans que vous compreniez pourquoi...

Allons un peu plus loin... Que se passe-t-il ? Enfant, vous espériez en permanence une reconnaissance des membres de votre famille. Vous vous appliquiez à satisfaire leurs desiderata, suspendue à leurs réactions. Ce fantasme d'adoubement crée une tension érotisée. En effet, l'attente s'est connotée d'excitation et plus rien ne comptait à cet instant que leur bénédiction. Aujourd'hui comme hier, replacée dans cette expectative, l'attente fantasmée de l'adoubement crée encore et toujours la tension érotique. En réalité, les circonstances réactivent des situations anciennes ; revenez à vous, ce qui est passé est passé : dans le présent, vous êtes libre... et seule !

Un feu d'artifice explose. Il contient vos peurs, vos blessures, vos hantises, vos attentes déçues, vos frémissements, vos espoirs. Et s'il revenait ? Après tout, il va peut-être réaliser à quel point vous lui manquez. Vous anticipez son retour. Mais avec ce genre d'histoires, vous restez centrée sur Lui. Or, il s'agit de rester symboliquement « chez vous », de ne plus vous perdre « chez l'autre », de vous tenir debout à l'endroit de la blessure, de vous poser et de ne pas fuir. C'est là que vous existez ! Vous n'avez qu'à être, vous écouter, faire face à la vie, accueillir ce qui est et rester vous-même.

Vous vous livrez à des allers-retours entre ce qui se passe aujourd'hui et ce qui a eu lieu des années auparavant. Or, plus vous allez vers le passé, plus vous lui donnez de l'importance et plus il a l'air d'exister. Ce n'est pas en vous y vautrant que vous serez libre dans le présent. Ne croyez pas que vous puissiez le réparer. Il n'existe dans ce passé une raison qui vous empêche d'accéder à votre conscience maintenant : vous n'êtes pas enfermée là-bas.

Plus vous vous fixez sur une image de vous liée au passé, plus vous passez à côté de votre vie. Ne soyez pas l'otage de l'histoire que vous vous racontez. Vous êtes ici et maintenant. Vous n'avez rien à faire, rien à trouver, juste à être présente à ce qui se passe. Fragilité humaine oblige, vous alternez euphorie et régression. Vous vous connectez à vous, la joie vous envahit ; puis vous perdez pied, dépassée encore par l'angoisse. Finalement, après des heures d'errance, vous tentez de vous retrouver à nouveau, et ça marche ! Vous appelez vos amis : « S'il revient, c'est ok pour moi ; s'il ne revient pas, c'est ok aussi. » Et là, vous sentez la force de votre intériorité, la capacité à choisir et la puissance qui vous anime. Cette sensation nouvelle vous surprend, vous qui régressiez dans vos souvenirs quelques heures auparavant. Vous vous installez dans ce balancement ; vous vous habituez, vous vous habitez enfin. Par moment, vous sentez qu'il va surgir. Vous vous placez télépathiquement sur sa longueur d'onde. Vous pourriez presque parier, il arrive…

Et soudain, il donne signe de vie. Mais non il ne revient pas ! Il souhaite juste régler une question administrative.

Cependant, pour vous tout s'écroule ! Au moment où il se manifeste, vous vous perdez. Disparaît-il encore et vous n'êtes déjà plus rien. Êtes-vous consciente du pouvoir que vous lui donnez ? Vous passez du nirvana au siège éjectable, selon la façon dont il tient le yoyo. Plus exactement, selon la façon dont vous vous identifiez au yoyo.

Valérie, 43 ans, raconte :

« Chaque fois qu'on se voyait, Denis répétait qu'il n'était pas amoureux de moi, qu'il ne voulait rien promettre. Il disait que mes attentes lui faisaient peur, qu'il ne pensait pas pouvoir me donner ce que je souhaitais… Moi, j'étais pleine d'amour, je rêvais d'une belle histoire et j'avais tellement envie de donner. » Puis Valérie quitte Denis, faute de projet affectif commun : « J'avoue que je n'arrive pas encore à m'enlever de la tête des trucs du style : il va me regretter, il va me rappeler. Ce n'est pas possible de m'avoir écrit des mots doux comme "J'ai rêvé de nous", "Mon corps te réclame, je suis plein d'émotions pour toi", "Tu es un être de lumière" et de redescendre de son nuage aussi vite ! Il faut toujours entendre ce qui est dit : "Je ne suis pas amoureux." Mais est-ce que ça peut changer ? La révélation post-rupture, ça existe, non ? »

Retrouvez-vous

Si cet état de conscience ne s'acquiert pas en quelques lignes, il peut venir par le silence, la relaxation ou la méditation. Méditer ouvre à un monde plus vaste, qui nous échappe habituellement, où point n'est besoin d'aller se recueillir chez les moines grecs, juchés au sommet du mont Athos, pour tutoyer la transcendance. Familiarisez-vous avec le concept d'acceptation, « faites l'expérience des événements, complètement, sans défense, tels qu'ils sont[1] ». Il s'agit simplement de reconsidérer la banalité de votre quotidien et, surtout, de rester présent dans l'instant, de vivre « ici et maintenant ». Tentez la posture mentale de « pleine conscience » et son cortège d'attention, de vigilance, de non-jugement, et prenez le risque de modifier radicalement votre perception des situations. Lorsque vous repartez « chez l'autre », revenez à vous-même, à votre propre source. Revenez à vous, inlassablement, chaque fois que vous vous égarez, dès que vous visualisez cet homme que vous imaginez ivre d'amour.

Réfléchissez

Comprendre les mécanismes qui ont œuvré dans votre passé amoureux vous évitera de les reproduire.

---

1. Frédéric Rosenfeld, *Méditer, c'est se soigner*, Les Arènes, 2007.

Le cercle vicieux de la répétition

Chez le coiffeur, le médecin, un magazine titre en couverture : « Répétition et scénario amoureux. » Vous lisez l'article ; il vous déstabilise. Vous vous rendez compte que votre dernière histoire ressemble étrangement aux précédentes. Finalement, vous rencontrez la plupart du temps le même type de partenaire. Vos relations débutent, évoluent et se terminent toujours de la même façon. En examinant vos dernières conquêtes, vous pouvez mieux comprendre vos répétitions et votre responsabilité.

Selon Harville Hendrix, vous choisissez quelqu'un « ayant les traits de caractère prédominant de la personne qui vous a élevée. Votre vieux cerveau reptilien, pris au piège dans un éternel présent, n'a qu'une faible conscience du monde extérieur ; il essaie de recréer l'environnement de l'enfance. (…) La vraie raison pour laquelle vous êtes tombée amoureuse de votre partenaire n'est pas sa beauté, sa jeunesse, sa réussite professionnelle, ses valeurs identiques aux vôtres, son caractère facile. Vous êtes tombée amoureuse parce que votre vieux cerveau a confondu votre partenaire avec vos parents. Il a cru qu'il avait finalement trouvé le candidat idéal pour réparer les dégâts psychologiques et émotionnels qui ont marqué votre enfance [1] ».

En d'autres termes : la dureté de Pierre pourrait vous renvoyer à l'indifférence de votre père… Peut-être la distance de Stéphane, cet homme égotique et froid, vous ramène-t-elle à

---

1. Harville Hendrix, *Le Couple mode d'emploi*, Éditions Imago, 2010.

vos vertes années quand votre mère, concertiste de renom, se préparait à entrer en scène ? Et vous n'existiez plus pour elle des semaines avant le jour J… Dans ces deux exemples, qu'il s'agisse d'une image paternelle ou maternelle, voire des deux fondues, vous avez combattu pour que votre aimé vous reconnaisse un jour. Pour Anne Teachworth, créatrice de la psychogénétique, « ce n'est pas la manière dont se comportait notre père ou notre mère envers nous qui détermine le choix de notre conjoint, mais la manière dont nos parents se comportaient l'un envers l'autre pendant notre enfance. Quoi que vous en pensiez, la relation entre votre père et votre mère a formé la base de toutes les relations intimes futures que vous avez eues à l'âge adulte[1] ».

Quel était le bénéfice caché de vos relations précédentes ?

Vos choix amoureux ne relèvent pas du hasard. Vous y trouvez votre compte ; c'est le bénéfice caché que les psys appellent « bénéfice secondaire ».

Prenons l'exemple de Virginie, 35 ans révolus, écrasée par une mère trop belle et trop sûre d'elle. Elle rencontre des hommes par Internet depuis une dizaine d'années. Malgré une centaine de rendez-vous, elle ne parvient pas à trouver un partenaire… digne de sa mère. Elle l'aimerait beau, pas trop

---

1. Anne Teachworth, *Comment trouver l'âme sœur et la garder*, Petite Bibliothèque Payot, 2006.

âgé, bourré d'humour, dynamique, sans enfants à charge mais désireux de lui en faire trois, connaissant les restaurants les plus fins, les destinations les plus lointaines et, de préférence, possédant un portefeuille bien garni et une Jaguar. Si tant est qu'elle ait pu séduire ce super mâle à 25 ans, au fond d'elle-même, elle n'y a jamais cru. Elle poursuit le rêve de sa mère, pas le sien. Seule sa génitrice mérite ce type d'homme. Pour preuve, le dernier qui semblait inspiré a fait un tel numéro de charme à ladite mère que Virginie, écœurée, s'est retirée du jeu : aujourd'hui la mère et l'ex petit ami jouent ensemble au tennis…

Tant que cette femme continuera à entretenir le mythe et tant que Virginie y trouvera un bénéfice, rien ne changera dans sa vie.

À l'opposé d'une telle relation fusionnelle,

Ingrid a été « cassée » par ses frères et son père qui la disqualifiaient ouvertement. Elle n'a pas trouvé refuge auprès d'une mère qui, elle, passait son temps à la traiter de laideron. À 30 ans, hypersensible et néanmoins ravissante, elle ne tombe amoureuse que d'hommes distants et inaccessibles qui la font souffrir, répétant ainsi la relation qu'elle avait avec les hommes de sa famille. Il suffit qu'un soupirant sincère, bon et généreux s'intéresse à elle pour qu'elle le dédaigne instantanément. La véritable relation d'amour n'ayant pas été programmée dans son éducation, elle n'imagine pas un seul instant pouvoir être aimée.

Ingrid choisit toujours des relations identiques aux situations familières de son enfance, et ce pour deux raisons : ce qui est familier, même négatif, rassure ; inconsciemment, elle essaie de rejouer le scénario de son enfance en espérant, cette fois-ci, un *happy end*.

Désormais, vous prendrez peut-être un peu de recul avant de vous lancer.

Exercice : Quels sont vos bénéfices cachés ?

• Prenez votre cahier rouge.
• Sur une nouvelle page, écrivez le titre « Bénéfices cachés ».
• Décrivez comment se passe chacune de vos rencontres avec un homme.

Exemple : il est déjà engagé, il est macho, il ne sait pas exprimer ses émotions, je le materne, je suis sa poupée ; il est toxico-dépendant (alcool, drogues…) ; il est gravement malade, violent, infidèle, soumis ; il me quitte dans les trois semaines ; je déprime, etc.

• Maintenant, tournez la page et dépistez votre bénéfice caché, celui qui vous coûte si cher. Reprenez les traits récurrents qui caractérisent vos ex et, pour chacun d'eux, demandez-vous ce qu'il vous rapporte.

Exemples :
– il est déjà engagé : cela m'évite de m'engager ;
– il est macho : cela m'évite de prendre des responsabilités et d'assumer ma vie ;
– il ne sait pas exprimer ses émotions : cela m'évite de recevoir son amour et d'y répondre.

• Poussez un peu plus loin et répondez à la question suivante : qui dérangeriez-vous si vous étiez heureuse en amour ?

Exemples :

– si j'étais heureuse en amour, cela dérangerait ma grande sœur qui pense que j'ai toujours été la chouchoute. Elle s'est mariée à 20 ans. À chaque réunion de famille, elle me nargue du haut de ses trois enfants tout en prenant un air compatissant : « Charlotte, quand est-ce que tu nous ramènes un fiancé ? » ;

– si j'étais heureuse en amour, cela dérangerait mon oncle qui a parié il y a dix ans avec ses frères que je finirais vieille fille… ;

– si j'étais heureuse en amour, cela dérangerait ma mère, qui a toujours été malheureuse en amour et dont je suis le bâton de vieillesse ;

– si j'étais heureuse en amour, cela dérangerait mon père, veuf, qui ne sait pas s'occuper de lui ;

– si j'étais heureuse en amour, cela dérangerait mes parents dépendants, mes frères et sœurs qui comptent sur moi pour s'en occuper.

Si vous n'avez pas découvert quels bénéfices correspondent à vos choix affectifs, peut-être pourriez-vous envisager de vous faire aider par un psychothérapeute.

Si vous avez mis en évidence des répétitions troublantes qui ne vous satisfont plus, demandez-vous dans quelle mesure votre célibat ne contribuerait pas au maintien d'un certain équilibre dans votre famille, alors que vous vivez loin d'elle depuis si longtemps.

Méfiez-vous de la tentation de vous percevoir comme maltraitée par la vie, ou par votre ex. Vous ne pouvez pas être « victime » puisque vous avez attiré, choisi et avez accepté longuement une situation qui ne nous convenait pas vraiment.

Quoi que vous justifiez (comme le classique « Il est marié mais il va quitter sa femme »), dans les faits, vous contrôlez la relation et évitez toute forme d'engagement. Mais vous en payez le prix fort, celui d'une liaison frustrante et souvent sans issue. Voilà encore une définition du bénéfice caché : il est là quand votre besoin de contrôle et votre angoisse de vous abandonner à une vraie histoire l'emportent sur votre souffrance. Dans ce cas, il est temps de renoncer au type d'homme qui vous séduisait auparavant. Vous venez de parcourir le plus difficile, admettre que vos attirances, toute irrationnelles qu'elles fussent, ne vous ont pas satisfaite.

Maintenant, soit vous considérez que vous manquez de chance, soit vous décidez de prendre votre part de responsabilité dans cette « expérience ». Pour commencer, astreignez-vous par exemple à sortir exclusivement avec des hommes disponibles. Prenez le temps de le connaître. Si vous découvrez, dans les premières semaines de liaison, une « tare » récurrente, un mensonge, fuyez sans tergiverser.

Danger : les thérapies-alibis

Attention, choisissez bien votre « psy » : nombre de thérapeutes et de « coachs » proposent des stages ou des séances individuelles sur un marché en pleine expansion. Certains, géniaux, révolutionneront votre vie, d'autres plaqueront des méthodes apprises sans s'ajuster à votre profil. Souvent intelligentes et appropriées, ces dernières s'avèrent décevantes lorsque le formateur manque d'expertise ou exerce une emprise sur son « patient », voire entretient sa dépendance pour des raisons financières. D'aucuns justifieront un karma difficile en le présentant comme une rançon à payer pour vos vies antérieures tyranniques. D'autres vous imposeront d'attendre dix ans qu'un alignement de planètes vous ouvre de meilleurs horizons.

Combien d'âmes fragilisées suivent parfois des approches étranges (celles qui ont déjà financé la maison de campagne de leur psychanalyste, voire sa piscine, ne devraient pas se gausser). Depuis, nombre d'entre elles tournent en rond, changent régulièrement de thérapeute, suivent des formations à la recherche d'une méthode salvatrice. Certes elles ont réglé certains problèmes, cependant elles maîtrisent tellement bien les concepts qu'elles finissent par manipuler leurs thérapeutes[1] et leurs partenaires.

Avez-vous vraiment « traversé » l'épreuve ?

Subsiste-t-il dans vos éventuels échanges avec votre ex-compagnon un climat émotionnel toxique constitué, au choix, de culpabilité, de pensées obsédantes, d'envie de représailles, voire de passages à l'acte ?

Chacun avance à son rythme en fonction de son parcours, de sa personnalité, du temps passé dans la relation. Pour les

---

1. Michel Lacroix, *Le Développement personnel*, Marabout, 2009.

spécialistes, la persistance au-delà de deux ans des ressentis décrits ci-dessus témoignerait d'un blocage interne qui empêcherait la résolution du choc. D'autres affirment que le deuil peut se poursuivre pendant cinq ans. Dans tous les cas, au-delà d'une telle durée et contrairement à la croyance populaire, la situation ne s'arrangera pas avec le temps. Si vous avez terminé votre deuil, vous êtes capable de porter alors un nouveau regard sur l'épreuve, en isolez les bienfaits, le sens.

Exercice : Avez-vous traversé l'épreuve ?

Dans votre cahier rouge, répondez à la fameuse question de Sartre : « Qu'avez-vous fait de ce qu'on vous a fait ? » Vous saurez alors si vous avez transformé et intégré cette « expérience ».

Et si cette rupture bouleversait votre vie… positivement ?

Au-delà du désespoir, une rupture peut transformer positivement votre vie.

Clarisse, littéralement abandonnée par Jérémy à deux semaines du mariage, a cru qu'elle ne s'en remettrait jamais. Pourtant, deux ans plus tard, elle remarque enfin Nathan, un proche de Jérémy qui l'a soutenue durant les moments difficiles.

Elle entre dans son intimité, découvre des qualités dignes d'un héros de roman. Attentif, patient, présent, tendre et bon amant, il nourrit leur relation d'un amour profond et bienveillant. Au bout de dix ans, épouse comblée, mère de deux enfants, elle réalise que si Jérémy ne l'avait pas quittée, elle ne serait pas aussi heureuse. Entre-temps, l'évolution de Jérémy a montré à Clarisse à quel point leurs valeurs et leurs objectifs divergeaient. Elle se dit que, finalement, le jour où il a disparu de sa vie, il lui a fait un cadeau… de mariage !

Accélérer le processus de deuil et rebondir

Pour enfin tourner la page

• Cessez de vous voir comme une « célibataire larguée » quand vos amies roucoulent ou convolent en justes noces. La vie, constituée de cycles, ne les épargnera pas forcément.

• Donnez-vous le temps qu'il faut, sans pression du type : « Avant telle date, je leur montrerai à tous qu'il y a un homme dans ma vie, que je ne suis pas une Cosette abandonnée. »

• Coupez les derniers liens : courrier à récupérer, email, MSN, Facebook… Effectuez votre changement d'adresse, rendez-lui ses affaires, etc.

• Appréciez ce à quoi vous avez finalement échappé : sa mauvaise humeur quand l'équipe de France perdait un match ; ses critiques permanentes (« La femme de Marc cuisine si bien ! ») ; cette façon de ne pas entendre/voir quand sa mère vous envoyait une réflexion fielleuse ; sa négligence le week-end, lui qui prenait trois douches par jour au début ; ses crises, ses colères, ses résistances, bref toutes les expressions des tensions qui minaient la relation.

Ne soyez plus une victime

Dans un second temps, quittez l'état de victime, devenez actrice de votre vie. Positivez, recentrez-vous. Peut-être le moment est-il venu de réaliser votre rêve de toujours ? Vous avez du temps et de l'énergie à convertir (colère, ressentiment, tristesse) pour qu'elle ne vous ronge pas de l'intérieur. Entre reprendre des études, apprendre une langue étrangère, monter ou rejoindre une association, les possibilités ne manquent pas. Ainsi, chaque fois que le désespoir s'abattra sur vous, malgré une complaisance très humaine à sombrer dans les bas-fonds du doute et du rejet, revenez à ce projet qui vous aide à transformer vos états d'âme. Pendant ce temps, vous ne penserez pas à lui et vous avancerez pour vous.

Exercice : Tout ce que j'ai rêvé de réaliser

• Sur une nouvelle page de votre cahier rouge, écrivez : « Tout ce que j'ai rêvé de réaliser ». Notez les rêves, les envies, les projets qui vous habitent depuis l'enfance : prendre des cours de théâtre, danser le tango, apprendre le russe…
• Puis barrez d'un trait de feutre épais « j'ai rêvé » et

ajoutez dans une autre couleur, dessous : « Tout ce que je rêve de réaliser ».

• Remplissez deux pages si possible. Choisissez les 5 projets qui vous plaisent le plus et les 5 qui vous paraissent accessibles. Réduisez encore à 3, puis à 1 de chaque. Quand vous aurez deux idées, l'une folle, l'autre sage, jetez un œil sur le livre de Nicolas Proupain, *Devenez ce que vous êtes*[1], et déterminez quel projet vous suivrez.

• Parlez-en à des proches pour vous obliger à le réaliser. Ne prenez pas ensuite la tangente.

Adoptez la zen attitude

• Parallèlement, souciez-vous de vous alimenter sainement. Visitez quelques sites culinaires sur le Net, préparez de bonnes recettes pour votre entourage ou vous seule. Parfois, bien sûr, vous craquerez pour du chocolat ; dès le lendemain, reprenez-vous : vous n'allez pas en plus prendre du poids !

• Pratiquez une activité physique, fréquentez une salle de sport, allez à la piscine. Visitez les salons de bien-être, faites-vous masser. Respirez, dormez, prenez soin de vous.

Dépassez la colère et le ressentiment

Le Dr Yann Rougier[2] a inventé la delta-psychologie. Cette méthode contribue à pacifier une part de nos émo-

---

1. Nicolas Proupain, *Devenez ce que vous êtes*, ESF éditions, 2009.
2. Dr Yann Rougier, *Se programmer pour guérir*, Albin Michel, 2010.

tions passées, à les vivre en conscience et à libérer l'énergie qu'elles emprisonnent : une énergie qui fait défaut au présent et à la qualité de la relation tant à soi qu'à l'autre. Toutes vos émotions, fondées ou virtuelles, se traduisent dans le corps par des sécrétions (bien réelles) d'hormones de plaisir ou de déplaisir, qui entraînent des effets physiologiques mesurables. Elles s'incarnent à travers une réalité physique qui se révèle équilibrante ou perturbante, selon la qualité de ces émotions et surtout de votre aptitude à les gérer.

Les émotions les plus déséquilibrantes sont la peur, la rancune (violence contre les autres) et la culpabilité (violence contre soi). Ces « poisons intimes », d'où qu'ils proviennent, emprisonnent inutilement dans le passé une énergie qu'il semble bon de libérer pour améliorer la qualité de vos interactions. La colère, refoulée ou défoulée, vous empêche de vivre ; elle mobilise tout l'organisme. La réprimer crée des tensions dans le corps, la sortir crée des tensions avec les autres. Vous en débarrasser allégera le poids qui pèse sur vos épaules.

Même si votre ex déclenche votre colère, réactivant sans doute des scènes du passé, elle vous appartient. Vous en êtes responsable, au point de décider de la laisser s'installer en vous. Si vous continuez à la projeter sur votre ex et plus généralement sur les hommes, au-delà de la « norme », vous leur donnez le pouvoir de ne jamais vous satisfaire. D'une part, votre ex ne reconnaîtra pas ce que vous lui reprochez, quel que soit le prix que vous lui ferez payer, au sens propre et au sens figuré ; d'autre part, souvenez-vous que cet ex, vous l'avez choisi : demandez-vous si cette colère dirigée contre lui ne concernerait pas un acteur d'autrefois, dont il

47

cristalliserait les caractéristiques (membre ou ami de la famille, voisin, etc.). Par exemple : « Quand je vois qu'il n'a pas payé la pension alimentaire en temps voulu, cela me rappelle mon enfance, quand chaque année, mon père promettait de venir me voir au spectacle d'école de fin d'année et qu'il oubliait systématiquement son engagement... »

Une fois que vous avez compris comment la situation actuelle vous renvoie à la colère refoulée du passé, vous pouvez désaffecter votre mouvement contre l'inconséquence de votre ex. Ce qui n'est pas résolu avec vos parents se retrouvera systématiquement dans vos relations intimes au travers des choix de vos compagnons de route. Paradoxalement, cette colère a pu faire office de colonne vertébrale et vous maintenir en activité. Mais par la suite, elle bloquera toute possibilité d'évolution. Avant tout, il faut la ressentir, la reconnaître et mesurer à quel point elle vous affecte.

Il en va de même pour le ressentiment qui alimente votre colère. Plus vous le nourrirez, plus il prendra de l'importance dans votre vie. De surcroît, il maintient le lien avec votre histoire et vous empêche de tourner la page.

Exercice : Un nouveau sens à mes colères

• Sortez votre cahier et titrez : « Un nouveau sens à mes colères ».
• Décrivez les trois dernières fois que la colère vous a submergée. En face, recherchez la pensée racine et l'origine.

Exemple : Je suis en colère quand je pense que tu m'as trompée.

Pensée racine : je me sens trahie.

Origine : quand j'étais petite, ma mère me faisait croire que ma sœur restait à la garderie le mercredi alors que mon père l'emmenait au cinéma. Elle était sa chouchoute. Je retrouve dans le même événement la trahison mais aussi la « rivale » qui m'est préférée…

Tournez la page, changez de paysage, pardonnez

Le pardon reste définitivement la clé du bonheur. Pardonner consiste à lâcher le reproche et le ressentiment, ainsi que l'envie de punir votre ex. Vous le faites pour vous, pas dans une attente de sa réaction. Tant que vous n'aurez pas mis un point final à votre relation, un véritable amour ne trouvera pas de place dans votre vie. Or, ce qui n'est pas pardonné est recréé plus tard. Pardonnez pour vous libérer, quelle que soit l'énormité de ses torts. Il existe de nombreux ouvrages sur le sujet[1], différentes écoles. Voici quelques pistes, toujours dans l'idée d'avancer. Ne pas pardonner correspond à un refus obstiné dont on oublie les conséquences indésirables. Dans son livre, *Se programmer pour guérir*[2], le Dr Yann Rougier nous suggère, dans un espace de dialogue intérieur, de nous programmer à mieux nous aimer à travers le corps, l'esprit et l'émotion.

---

1. Didier Pieux, *Exprimer sa colère*, Odile Jacob, 2006.
2. Dr Yann Rougier, *op. cit.*

Pour résumer...

• Comprendre votre rupture et la douleur qu'elle réveille en vous contribue à la dépasser. Si vous tournez en rond, demander de l'aide à un professionnel qui vous aidera à ne pas vous complaire dans un deuil sans fin. Vous reviendrez à vous et vous vous préparerez à des rencontres harmonieuses plus rapidement.

• Rappelez-vous : un homme qui vous quitte ne correspond tout simplement plus à la personne juste pour vous à ce moment-là. Certes, vous ne correspondez plus à son fantasme de la femme avec laquelle il souhaite continuer la route. Pour autant, un autre homme vous trouvera fascinante et parfaitement à son goût. Par conséquent, évitez de douter, de vous dévaloriser.

• Vous aussi avez probablement congédié des partenaires dans le passé. Vous avez respecté vos critères. Aujourd'hui, cela signifie qu'il est temps de passer à autre chose, en tenant compte de votre évolution.

• C'est un peu comme si, ne souriez pas, Dieu ou votre ange gardien cherchait mieux pour vous. Ne paniquez pas ! Contentez-vous d'accepter et dites quelque chose du style : « C'est d'accord pour moi, envoie-moi mon prochain amoureux ! »

Et n'oubliez pas : « S'il est pour moi, je ne peux pas le perdre ; s'il n'est pas pour moi, je n'en veux pas. »

Étape 2

J'assume ma part de responsabilité dans ce qui m'arrive

Ce qui vous empêche de rencontrer LE bon

Peurs secrètes, croyances limitatives, idées reçues ; avec tout cela, vous croyez vraiment que vous allez le rencontrer ? Quand j'entends certaines femmes seules me parler en détail et pendant des heures de leur type d'homme, je suis effarée par leur capacité à ériger des barrières autour d'elles : elles s'enlisent dans un scénario catastrophe à faire pleurer dans les chaumières et espèrent un homme-providence, véritable miracle tombé du ciel, joli garçon de préférence, qui leur offrirait de meilleurs lendemains sur un plateau d'argent. En attendant ce jour, elles s'ennuient (un peu), pérorent avec leurs copines (souvent), critiquent le sexe opposé (beaucoup), mais elles ne font rien pour que la situation change. De fait, les unes ne savent pas ce qu'elles veulent, les autres se racontent des histoires, d'autres encore se préoccupent uniquement de l'image dynamique et gagnante qu'elles projettent. Ne parlons pas de celles qui ont « arrêté » les hommes ! Autant d'obstacles qui les empêchent de prendre le risque de l'amour.

Des freins presque toujours internes

Environ cinq comportements vous limitent. Ils sont, par ordre d'importance :

• *Un passé mal évacué.* Chaque fois qu'une femme se plaint du peu d'empressement de ses prétendants à s'engager, il suffit d'approfondir pour découvrir des explications sous-jacentes. Malgré son apparent déni, elle finit par admettre qu'elle continue à aimer son ex ou qu'elle lui voue une haine féroce, ce qui revient au même.

• *La peur de souffrir* face à un nouvel échec, ou plus simplement de « se faire avoir ».

• *La peur d'être confrontée à l'autre, à sa différence, et la peur de perdre le contrôle.* L'idée de s'abandonner, de dévoiler sa vulnérabilité paraît insupportable, surtout si vous avez une mauvaise opinion de vous. Cette peur découle directement des précédentes et génère des attitudes « masquées » que j'aborderai à travers des exemples lors de cette étape.

• *La peur du rejet.* Bien plus fréquente qu'on ne l'imagine, elle bloque de nombreuses initiatives. Vous avez déjà été rejetée et cela peut vous arriver encore, pour des raisons irrationnelles dont celui qui vous a repoussé n'a pas forcément conscience. Parfois, ces hommes se justifient : « Je n'aime pas les cheveux frisés, je fantasme sur une fille plus fine, ou plus ronde, elle me rappelle ma tante, on dirait le sosie de mon ex. » Ou alors : « Son job ne rentre pas dans mon projet : trop riche (je ne suivrai pas), trop pauvre (je ne vais pas l'entretenir), pas assez ceci, trop fonctionnaire ou trop libéral, justement je sors d'une relation avec une institutrice qui m'en a fait voir de toutes les couleurs, etc. » Souvent, vous vous sentez responsable de ce « rejet ». Sûrement, si vous aviez été plus ceci ou moins cela, vous l'auriez retenu. Pour autant, vous ne connaîtrez jamais la vérité. Peut-être était-il fort épris d'une femme moyennement intéressée qui l'avait congédié ? Voyant qu'il se dirigeait vers d'autres pour l'oublier, qui sait si elle ne lui a pas fait la danse des sept voiles ? Il ne vous a jamais rappelée car, pour le moment, il roucoule. Et dans quelques semaines, il n'osera plus se présenter à vous. Vous le retrouverez probablement là où vous l'aviez croisé initialement (Internet, *afterwork*, danse, etc.). Bien que cela semble difficile à entendre, un homme qui ne donne pas de nouvelles vous signifie en temps réel qu'à terme, il n'aurait pas poursuivi. Certes votre amour-propre en pâtit durant quelques jours, sans doute vous le regrettez (vous aviez enfin déniché une « recrue » sexy), toutefois il vous aurait revue sans conviction pour disparaître dans tous les cas. Nos grands-mères ne se trompaient pas : pour chaque pot, il existe un couvercle, soit au moins un être qui tombera sous votre charme, spontanément ou presque, et qui, pour couronner le tout, présentera un profil agréable selon vos critères.

• Le cinquième frein, « *la princesse attitude* », risque de vous surprendre. Au siècle dernier, Évelyne Sullerot parlait « d'une quête imbécile de la connaissance de soi ». Aujourd'hui, cela

pourrait s'appeler « *Me, myself and I* », caractéristique de tana-
gras urbaines, branchées, dotées d'un bon niveau socio-
culturel. À force de se chercher, certaines passent en effet leur
vie à écouter les promesses des tarots tirés par leurs amies
(« Je vois un homme brun, beaucoup d'argent »), les astro-
logues charmiques (« Vous étiez la maîtresse de cet homme
dans une vie antérieure, d'où votre relation passionnelle »).
Elles lisent les rubriques psycho des magazines féminins
(« Quelle amante êtes-vous ? »), les tests de l'été, l'analyse des
rêves, la numérologie, l'horoscope bien sûr. Elles se garga-
risent de *chick litt* et de romans « tendance » et s'extasient
sur les héroïnes de *Sex and the city*, figures hypervalorisées
de la citadine accomplie. Leur « auto-centrage » éloigne les
hommes alentour. Et comme par hasard, les *bad boys* les
fascinent… Pour peu qu'elles aient suivi un parcours thérapeutique, elles décortiquent tout et, en définitive, paradent
au centre d'un petit monde qui leur évite de plonger dans
la grande aventure de l'amour. Elles s'estiment accomplies et
ne comprennent pas les réticences de la gent masculine à leur
égard.

Les « bonnes » raisons pour ne pas le rencontrer

Avant tout, posez-vous sérieusement la question suivante : avez-vous vraiment envie de vivre une histoire avec
un homme en ce moment ? Même si la réponse semble

évidente, elle mérite de s'y attarder. Parfois, vous subissez des pressions familiales, amicales ou professionnelles. Ainsi, dans les entreprises « paternalistes » et les grands corps de l'État, l'union conjugale demeure une valeur importante. Être accompagnée dans les dîners où paradent les couples ne vous déplairait pas. Parallèlement, le temps de liens plus intimes ne semble pas encore venu pour vous. Alors, vous construisez des barrières qui correspondent à votre réalité du moment : « Ces temps-ci, j'ai trop de travail », « Les enfants doivent réussir leur année scolaire, ils requièrent toute mon attention », etc. Vos doutes profonds créent tout autant de situations en miroir que vos engouements. Ce qui se vit à l'intérieur (jugements, convictions) se reflète à l'extérieur. Vous portez le poids négatif de vos pensées, consciemment ou pas. Ainsi, persuadée que vous devez gravir des montagnes avant de vous reposer enfin dans les bras d'un homme, vous acceptez instinctivement des charges trop lourdes pour vos frêles épaules et trouvez mille prétextes pour les justifier. D'ailleurs, le prochain mâle prêt à s'aventurer sur votre territoire aura probablement son lot de contraintes (Alzheimer de sa mère, forte implication professionnelle…). Elles entraveront de son côté aussi la possibilité d'une relation harmonieuse. Cela confortera votre croyance selon laquelle les hommes ne sont pas prêts à s'engager. En fait, on ne parle jamais que de soi et vous leur attribuez ce qui vous caractérise.

Brunehilde, fonctionnaire européenne d'origine allemande, vit en France depuis plusieurs années. Mariée à un Africain, elle ne peut divorcer sous peine de le voir expulsé et privé de ses

enfants. Par le biais d'Internet, elle rencontre Yann, « expulsé »
de chez lui à cause de fausses accusations de violence. Tout se
passe comme si Brunehilde recueillait un chien perdu sans
collier, à l'image de son époux. En effet, les deux hommes se
trouvent dans une situation complexe, juridiquement légale,
humainement injuste. Bien que leur liaison dure depuis un an,
Brunehilde vit au jour le jour. Yann a refusé de la rejoindre en
vacances avec sa famille. Il ne veut pas s'occuper des enfants
d'une autre alors qu'il ne peut même pas élever les siens. Dans
l'attente de la décision judiciaire, Yann et Brunehilde passent le
temps. Jusqu'au jour où Yann divorcera enfin et aura envie de
perspectives plus simples. Malgré tout, ils peuvent passer
quelques années ensemble, dans cet entre-deux confortable.
Mais pourquoi Yann construirait-il une nouvelle relation au
risque de se faire « expulser » à nouveau ?

Derrière tout changement rôde la peur : « Et si je me
trompais ? Et si je souffrais encore ? Au moins je sais ce que
j'ai (rien) mais je ne sais pas ce que je trouverai. » Autrement
dit : « J'ai été déçue » ou « Je suis programmée pour être
déçue » ou « Le risque est trop important pour que je le
prenne ». Grâce à ces défenses du cœur, il est possible de
situer une femme sur sa ligne de peur.

L'amour surviendrait au moment où nous l'attendons le moins…

Une croyance populaire bien ancrée postule que l'amour
surviendrait au moment où nous l'attendons le moins et, sur-

58

tout, quand nous ne le cherchons pas. La « chasse » au parte-naire, loin de favoriser la rencontre avec l'âme sœur, susciterait à l'inverse désillusions et tristesse. Parallèlement, de nombreux psys clament : « Laissez-vous surprendre par l'amour ! » Ce message diffuse, semble-t-il, une fausse information. En effet, ceux qui le distillent sont, au choix, sans partenaires ni câlins depuis des années ou en couple depuis toujours. Pour la plu-part, ils ne connaissent pas le terrain actuel et sa (dure) réalité. Laisser entendre qu'il suffit de se « laisser surprendre » pour que l'amour déboule relève de la mystification. Trop de per-sonnes peinent dans la rencontre amoureuse. Non seulement cette injonction les rend passives et leur suggère que, peut-être, à la boulangerie, l'Autre surgira devant elles surtout si elles n'y songent plus, mais encore cette « contre-pensée » magique paraît aussi extrême que celle qui consiste à serrer les dents en affirmant : « Je veux l'amour de mes rêves, il a intérêt à arriver rapidement. » Dans tous les cas, et cela reste fondamental : « Le hasard ne sert que les esprits préparés » (Blaise Pascal).

Vouloir trouver sans chercher n'est pas la voie la plus efficace ; c'est même le principal obstacle : « que ça se fasse naturellement, que le hasard fasse bien les choses ». Dans la réalité, des millions de personnes restent seules dans le fol espoir que le prince charmant/la belle au bois dormant se manifeste tôt... ou tard !

« Ce n'est pas à la femme de faire le premier pas ! »

Oui, dans les contes de fées de bonne-maman, cela était peut-être la règle. Mais aujourd'hui, dans ce monde de gestion et d'efficacité (malheur à ceux qui n'évoluent pas dans le tempo ambiant), l'histoire du premier pas apparaît dans toute sa désuétude. Même si toutes, vous souhaiteriez que l'autre fasse le premier, ce désir archaïque est devenu dans les faits un handicap : pour preuve, vous avez sûrement déjà vu certaines de vos camarades, moins charmantes mais plus entreprenantes, moins jolies mais plus causantes, vous souffler sous le nez celui pour lequel vous brûliez en silence depuis trois semaines. Prenons comme exemple Madonna, sex-symbol des années 1980, toujours à la pointe de la tendance à cinquante ans passés. Même si vous n'aimez pas son maquillage, son look, même si vous n'êtes pas fanatique de ses frasques, ni de son film *In bed with Madonna*, avouez qu'avoir un zeste de son audace et de sa vitalité ne vous déplairait pas pour détourner de son parcours le joli joggeur que vous regardez passer tous les dimanches matin devant vos fenêtres.

Faites donc le compte en vous-même de tous ceux que vous avez ratés par manque d'initiative ou d'à-propos. À l'inverse, sauter sur un mignon comme vous annexeriez une contrée produira de la désillusion. Il se laissera faire, certes, et vous oubliera le lendemain. Faire le premier pas consiste à proposer une ouverture qui lui permette de s'y engouffrer sans craindre ce que les hommes appellent communément un râteau. Dans l'immédiat, cessez de fantasmer sur un amoureux transi qui vous poursuivrait dans la rue avec des roses comme dans la pub et prenez une importante décision : trouver un homme, un vrai, de chair et de sang, un qui vous aimera et que vous aimerez. Dénicher l'oiseau rare qui saura vous apprécier pour vous-même ne s'improvise pas. Sortez de votre zone de confort et commencez par regarder autour de vous.

Le masque « Je vais bien, je n'ai besoin de rien »

Frédérique, 35 ans, célibataire, séduisante et plutôt courtisée, participe quelquefois aux soirées du Café de l'amour. Lorsqu'on lui demande pourquoi elle fréquente ce lieu, elle clame : « Les hommes ne m'intéressent pas particulièrement. Je viens pour la conférence. En ce moment, je suis dans une phase de réflexion, je laisse les choses se faire, je verrai bien. » Naturellement, si l'interlocuteur insiste un peu, elle consent : « Je ne dis pas que si par hasard l'homme idéal se présentait, je lui fermerais la porte au nez... » Mais quel prince aurait envie de se risquer à travers sa carapace pour rallumer une flamme vacillante ?

Les femmes comme Frédérique ne voudraient pas qu'on les considère comme de pauvres filles « en manque » ou « désespérées ». Souvent dupes de leurs propos, elles finissent par adhérer à leur personnage : « Je suis zen, cohérente, satisfaite de l'effet que je produis et n'imaginez surtout pas que je puisse être en demande. »

Que penserait-on d'elles ? Peut-être, lorsqu'elles étaient enfants, qu'il fallait cacher qu'on était pauvre, orphelin, que papa était parti ou au chômage... Personne ne devait découvrir le malheur ou la misère qui hantait leur famille. La petite fille d'alors y veillait. Elle prenait son rôle au sérieux et ne laissait rien transparaître. Parce que, forcément, « les gens » la jugeraient et la critiqueraient. Être condamnée par le regard des autres, voilà une peur fondamentale. Face à ces protections, les hommes préféreront alors s'adresser à la *girl next door*, moins compliquée ; quant aux femmes, elles oublieront de leur présenter leur frère qui, justement, vient de divorcer. Ces femmes « masquées », qui protègent-elles à travers des programmes mis en place par leurs parents eux-mêmes dépositaires de croyances plus anciennes ?

La mission transgénérationnelle

À travers la relation amoureuse avec un homme se jouent des tragédies secrètes, des comédies de mœurs, des saynètes bouffonnes : la famille est une pièce de théâtre aux multiples acteurs, au-delà des siècles ! Vous héritez d'un « bug » ances-tral qui circule dans votre arbre généalogique : les sacrifices des arrière-grands-parents, les exigences des grands-parents et les espoirs quelquefois informulés de vos parents com-posent votre « mission » et autres pesanteurs familiales trans-mises de génération en génération, le plus souvent à votre insu et pas nécessairement en ligne droite. Tant que vous n'aurez pas dénoué cet écheveau, vous sentirez en vous des limites et des inhibitions qui vous dépassent.

Ainsi, dans la famille de Christine, et ce depuis quatre générations, tous les aînés sont des garçons et s'appellent Pascal. Ils partent découvrir le vaste monde à l'âge de 20 ans et reviennent à 23 reprendre l'entreprise familiale et épouser l'une des filles de cousins éloignés. Manque de chance, en naissant de sexe féminin, cinq avant le premier Pascal tant attendu, Christine rompt la chaîne généalogique et perturbe un ordre trop bien établi. Quelle place lui reste-t-il en tant qu'aînée ? Agir comme un Pascal et reprendre le flambeau en niant sa féminité ? Se rebeller et quitter la famille ? Réussir par elle-même ? Et son cadet, parviendra-t-il à occuper un premier rôle qui n'a jamais été octroyé au deuxième enfant ? Dans tous les cas, ni Christine, ni Pascal ne doivent s'attendre à un parcours facile : le chemin de la construction de leur identité sera semé de difficultés et de questionnements apparus dès leur venue au monde et dont ils se seraient probablement bien passés.

À cet égard, choisit-on de venir au monde dans telle famille plutôt que dans telle autre ?

Emmanuelle, 41 ans, célibataire, a passé son enfance dans le giron de sa grand-mère adorée. Cette dernière s'occupait du grand-père handicapé, paralysé très jeune à la suite d'un virus attrapé en Asie. Ce qui ne l'empêchait pas de régner sur sa tribu. La propre mère d'Emmanuelle s'était aussi occupée de son père, au détriment de son conjoint. Fille unique, Emmanuelle cumulait les amants inaccessibles, dont l'un partit habiter… en Chine durant leur relation ! Un travail sur elle l'a aidée à comprendre, en partie, sa peur de vivre avec un homme qui tomberait malade.

Combien de dettes à l'égard de la lignée ces « filles de » paient-elles encore ?

Conflit de loyauté, quand tu nous tiens!

Annette a 50 ans. Célibataire sans enfants, cette ravissante blonde au corps sculptural n'a jamais convolé. D'intermittents du spectacle coureurs en chirurgiens de haut vol, prétendument mal mariés, elle cherche depuis plus de trente ans son prince. Un psychanalyste lui a expliqué qu'elle était « amoureuse de l'amour » et a tenté d'établir un lien avec la mère d'Annette. Cette dernière, à l'instar de sa propre mère, fut abandonnée par son mari peu après la naissance du bébé ; elle se plaint en permanence de la méchanceté masculine. Elle a élevé Annette seule, sans permettre à un potentiel partenaire d'entrer dans son univers.

Annette découvre qu'elle est prise dans un conflit de loyauté. Depuis au moins deux générations, l'homme s'inscrit en tant que traître dans le lien. S'engager, c'est courir le risque de répéter l'histoire, mais surtout, réussir sa vie amoureuse reviendrait à trahir sa mère.

La perfection sinon rien

Certaines, réellement soucieuses de réussir leur vie affective, sont terrifiées dès que l'intime devient possible. Lorsqu'elles correspondront à l'image idéalisée d'elles-mêmes (dans dix kilos, après leurs examens, ceux de leurs enfants…), elles frôleront la perfection qu'elles imaginent nécessaire et incontournable à la bonne réussite d'un couple. Paraître plus brune, plus blonde, plus sexy, plus jeune, plus belle, plus mince, voire plus caucasienne pour les ethnies colorées, permettrait de pulvériser les barrières qui empêchent tout accomplissement.

Sidonie, 22 ans, affirme qu'un programme «perte de poids, changement de coiffure et jogging chaque semaine» s'impose pour être prête le jour J. Valérie, 40 ans, pense qu'un relooking et des séances d'UV suffiront. Lysianne, la cinquantaine, se débat entre le bon dosage d'hormones pour stabiliser sa ménopause et le choix du chirurgien qui la liftera. Enfin, Stéphanie, 35 ans, pense qu'elle est tellement laide qu'elle ne peut attirer que des hommes mentalement perturbés...

En attendant de se transformer en gravure de mode d'un coup de baguette magique, elles avalent les conseils beauté des forums Internet, s'identifient aux adolescentes à peine pubères qui font la une des magazines people et achètent compulsivement vêtements et produits de maquillage. Combien d'entre elles ont désespérément attendu l'arrivée fracassante de leur prince ? Elles ont finalement épousé la solitude, faute d'avoir déverrouillé leur cœur et leur intimité. Les hommes souffrent du même syndrome : à force de chercher, par exemple, la mère porteuse parfaite pour leur progéniture, certains ont souvent dû renoncer à la paternité.

L'erreur de casting classique

Séverine, 40 ans, célibataire, raconte comment un séducteur l'a convaincue :

J'avais beaucoup d'éléments avant d'entrer dans cette relation. Aucun de nous ne s'est vraiment engagé en fait, mais il y a toujours des surprises… et des choses que l'on ne peut pas prévoir dans l'alchimie d'une rencontre et d'une relation ; c'est ce qui en fait la beauté et la raison d'être… Cela fait trois mois. Je l'admets, nous ne sommes pas sur la même longueur d'ondes, nous n'avons pas la même vision de la vie. Il a trop besoin de séduire (plus que je ne peux supporter), même s'il est fidèle, à ma demande. Au début, je le fuyais parce qu'il était dragueur, buveur, fumeur et grande gueule dans les soirées. Nous nous y sommes croisés quelquefois, c'est lui qui est venu vers moi. Puis nous nous sommes revus lors de diverses sorties : fêtes privées, concerts, vernissages, dîners même, enfin un peu tout.

Par la suite, il m'a invitée deux ou trois fois chez lui « en tout bien tout honneur » et m'a montré un autre côté de lui, sensible, passionné, cultivé, bref, j'ai craqué ! Mais je savais que ça ne pouvait pas durer et que je ne pourrai pas construire avec lui, même s'il était très ému que je veuille des enfants et se posait la question. Et puis, c'est le type « chasseur » et dès que tu arrêtes de les fuir et qu'ils t'ont dans leur gibecière, ils taquinent ailleurs ! En même temps, il me proposait une relation véritable et pas un plan cul, et ça faisait aussi bien longtemps que ça ne m'était pas arrivé ! En fait, je ne regrette pas. J'étais très bien avec lui, et ce n'est pas facile à trouver des mecs avec qui je suis très bien. Il était tendre, attentionné tout en étant viril, et j'ai appris plein de choses sur moi et sur les hommes en général, plein de découvertes, de premières fois, d'échanges et de tendresse. Mais honnêtement, j'avoue que j'avais espéré que peut-être, avec moi, ce serait différent, que cet homme pourrait m'aimer, un peu comme un don Juan rédempté!

Séverine a-t-elle « craqué » parce qu'elle savait l'idylle irréalisable, comme si l'étiquette « séducteur » la préservait du danger d'un véritable abandon? La crainte de l'inconnu ou d'une répétition suscite d'autres réactions. Dans certains cas, la mémoire de la souffrance ancienne est plus rassurante qu'une nouvelle souffrance.

Et si la prochaine histoire ressemblait à ce que j'ai déjà vécu?

Mona, Française d'origine algérienne, mariée de force à 13 ans, enceinte à 17, réussit à divorcer et à élever ses deux filles. Dix ans plus tard, à 41 ans, une partie d'elle vit toujours dans la terreur des violences passées. La pression, l'acharnement, la traque des frères, des oncles restent présents dans son esprit. Même si juridiquement et financièrement, personne ne peut plus rien contre elle, elle s'attend chaque jour à ce que cette violence lui saute dessus : « Quelque chose se tiendrait embusqué quelque part le long de la longue route sinueuse de son destin comme une bête à l'affût se tapit dans l'ombre de la jungle, prête à bondir[1] ».

Cette bête dans la jungle, comme l'appelle Henry James, symbolise notre monstre intérieur, une sorte de bestiole effrayante qu'on préfère éviter ; pourtant elle nous empêche de vivre ! Beaucoup d'entre nous cohabitent difficilement avec leur bête sans l'apprivoiser. Dans la même veine, les ex, les coureurs, les alcooliques, les psychologiquement violents, les absents ou encore ceux de mauvaise foi, provoquent des frayeurs et des retranchements tout aussi importants. Mais, pour que les Mona accèdent à l'amour, encore faudrait-il qu'elles cessent de voir un ennemi derrière chaque homme.

Je veux le « mec plus ultra »

« Dis-moi Valérie, toi qui rencontres des centaines d'hommes, comment se fait-il qu'aucun d'entre eux n'ait retenu ton attention ?

– Ma chère, j'ai 43 ans. Alors les hommes, je les connais bien ! Je suis sans concession. Au moindre faux pas, j'élimine !

– Pourtant, tu es restée longtemps avec Arnaud ?

– Ah, ce débile ! Dieu qu'il était lent : un véritable attardé. J'avais compris la fin du film alors qu'il en était encore au générique !

– Et Antoine ?

---

1. Henry James, *La bête dans la jungle*, Flammarion, collection « Garnier Flammarion/Littérature bilingue », 2004.

— Cet empoté? Avec son look de paysan? Il ne savait même pas faire correctement son nœud de cravate. Quant à ses chaussettes blanches, n'en parlons pas!

— Et Alexandre?

— Ce coincé de première! Il faisait l'amour comme un balai mécanique!»

Rien d'étonnant à ce que Valérie, célibataire, soit toujours seule. Depuis ses vingt ans, pas un homme n'a trouvé grâce à ses yeux. Elle entre dans une relation condamnée pour mieux le critiquer. Au fond, le blâmer la valorise et donne du sens à sa vie. Elle ne réalise pas que c'est elle, si misérable, qu'elle juge à travers lui; mais en l'invectivant, lui, elle se préserve de son dégoût d'elle-même.

L'ex irremplaçable

Quand la mort arrache l'amour, l'oublier et en faire le deuil n'est pas simple.

Marie, pharmacienne, 36 ans, adorait Marc, son conjoint décédé d'un cancer. Elle a eu deux aventures en quatre ans. Le premier l'a quittée au bout de trois mois parce qu'il ne se sentait pas à la hauteur (de Marc). Quant au second, elle l'a congédié: «Trop fade, pas assez de personnalité.» Il faut comprendre «par rapport à Marc». Lors d'une séance de psychothérapie, elle fond en larmes en parlant de ses enfants, privés des talents d'un père extraordinaire. Dès lors, elle peut envisager d'ouvrir un espace et d'y accueillir un homme qui ne serait pas le clone de Marc, tout en endossant, par la force des circonstances et au-delà du rôle de compagnon, celui d'un éducateur riche de sa propre sensibilité.

La veuve qui s'ignore

Nathalie cumule loyauté transgérationnelle et ex irremplaçable :

Infirmière, elle épouse Bertrand à 26 ans. Lui, bon fils, fait ainsi plaisir à sa mère qui aurait rêvé de devenir soignante. Trois enfants et quinze ans plus tard, l'époux choyé, aimé, entre en analyse et réalise qu'il a voulu réparer maman. Parallèlement, il démarre une liaison avec Sarah, une collaboratrice récemment divorcée, sans enfants. Poussé par sa maîtresse, il quitte son épouse ; celle-ci ne comprend pas. Gentille, dévouée, timide à tendance soumise, elle se transforme soudain en tigresse et se bat pour le garder. Lui hésite, culpabilise, fait la navette entre les deux. Nathalie ne le lâche pas. La nuit elle le questionne sans répit : « Pourquoi elle, qu'a-t-elle de plus que moi ? Et sexuellement ? Ah, elle initiait la chose ? Et bien laisse-moi te montrer que, moi aussi, je peux être entreprenante... » Bertrand passe ses nuits à répondre à ses caresses et à parlementer. Lorsqu'il dort chez son amante, Nathalie les harcèle par des appels téléphoniques anonymes sur leurs téléphones, fixes et portables.

Après de longues hésitations, Bertrand, excédé par les revendications de Nathalie, mène le divorce à son terme. Nathalie s'écroule. Elle aliène les enfants contre leur père, « ce traître qui les a quittés ». Bertrand les récupère, butés à l'égard de la nouvelle compagne. Nathalie négocie chaque week-end malgré le jugement, à coups de certificats médicaux, et refuse toute sortie « hors contrat », quitte à priver sa progéniture d'activités dont elle raffole. Il faudra du temps pour que les enfants, entrés dans l'adolescence, reprennent progressivement confiance en leur père. Cinq ans après, Nathalie, malgré de nombreuses « introductions » par son réseau, refuse toute aventure « extraconjugale ». Elle vit dans la nostalgie de son mariage et passe son temps libre, dont une partie des vacances scolaires, chez leurs amis communs. Chaque fois que Bertrand reçoit ou visite une vague connaissance de Nathalie, celle-ci se précipite « en famille » au domicile de cette personne dans les deux semaines, comme pour marquer son territoire. Nul doute qu'à l'image de sa propre mère, abandonnée elle aussi avec trois enfants en bas âge, à l'image de sa grand-mère, dont le mari mourut jeune, Nathalie portera longtemps sa croix ; elle préfère vivre dans l'ombre de son ex-époux, plutôt que de s'exposer et de trahir les femmes des générations précédentes…

Nathalie a-t-elle « choisi » Bertrand parce qu'elle sentait qu'il lui permettrait en la quittant, de prendre la place qui lui était destinée ou l'a-t-elle conduit inconsciemment à la quitter ?

Une tendance à la perversion[1]

Les hommes ne détiennent pas le monopole de la perversion. Leurs différents témoignages concordent pour décrire une catégorie de femmes, appelons-les « Samantha », plus nombreuses que vous ne l'imaginez. Mais soyons justes : il suffit de remplacer Samantha, l'exemple générique, par « votre » Louis et d'inverser la proposition pour que l'histoire se déroule avec un pervers.

Samantha attire les hommes sensibles au profil de la tendre victime. Frêle et émouvante, elle maîtrise l'art de réveiller en eux le chevalier blanc qui aurait aimé davantage protéger maman autrefois. Pour peu que cette dernière ait souffert de la violence de papa, de ses absences ou de ses infidélités, notre chevalier se fera un plaisir d'adoucir symboliquement et rétroactivement les misères endurées. Dans un premier temps, Samantha s'abandonne. Puis, rassurée, satisfaite ou déçue parce qu'il n'évolue pas vers l'image du prince attendu ou parce qu'elle préférerait la tendresse d'un autre homme, issu de ses rêves ou du passé, elle désinvestit le lien. La jeune femme généreuse, sexuellement demandeuse, se transforme progressivement en une mégère qui refuse toute tendresse tant que son héros n'exécute pas ses volontés : telle heure, tel lieu, telle position, tel rituel lui seront désormais indispensables.

---

1. Maurice Hurni, Giovanna Stoll, *La Haine de l'amour : la perversion du lien*, L'Harmattan, 1996.

Et malgré le respect de ces symboles, de nouvelles exigences surviennent, qui remettent tout en cause. Graduellement, elle lui reproche ce qu'elle adorait initialement. Plus il se débat, plus elle le méprise. Plus elle le méprise, plus il en rajoute dans l'espoir de retrouver la magie originelle, en vain. Il ignore qu'il n'accèdera jamais plus à ce paradis perdu. À ce moment-là, sans doute, il devrait se respecter et rompre. Malheureusement, il ne réalise pas ce qui se passe.

Les êtres marqués par une blessure d'abandon ou de rejet s'avèrent particulièrement sensibles à ce type de relation ; ils recherchent inconsciemment des partenaires qui réactivent d'anciennes blessures. Ils répètent une situation bien connue (attendre la reconnaissance) et, guidés par ce besoin terriblement humain d'aller jusqu'au bout, s'apprêtent à boire leur calice jusqu'à la lie. Généralement, la séparation est violente de part et d'autre. Brisé, Il se caparaçonne ou cumule les engouements d'une nuit. Déçue, Elle se sent manipulée et conforte sa croyance négative à l'égard de l'autre sexe.

Certains hommes mariés s'éprennent passionnément d'une Samantha. Au final, elle leur permet de divorcer. Généralement, l'idylle s'essouffle. Dans un premier temps, ils se sentent abusés et regrettent *a posteriori* d'avoir sacrifié leur mariage. Puis, ils reconnaissent que cette union ne leur convenait plus. Grâce à Samantha, à l'énergie de cette relation, au fait de se sentir vivants, ils ont osé quitter leur épouse. Une fois de plus, les deux y ont trouvé leur compte. Il n'existe pas de victime sans bourreau. La Boétie parle de

73

servitude volontaire : « Soyez résolus à ne plus servir et vous voilà libres. Je ne vous demande pas de pousser [le tyran], de l'ébranler, mais seulement de ne plus le soutenir, et vous le verrez, tel un grand colosse dont on a brisé la base, fondre sous son poids et se rompre[1]. »

Pour illustrer rapidement les liens pervers, rejoignons Bertrand, qui avait quitté Nathalie pour Sarah, 40 ans, sa collaboratrice. À partir du moment où Bertrand a enfin vécu chez sa maîtresse, le désir de Sarah a diminué. Pour le contrebalancer, par dépit, par pulsion (le savait-elle elle-même ?), elle exige davantage : qu'il n'amène plus ses enfants chez elle qu'un week-end sur deux. Au troisième week-end, Bertrand refuse le chantage et la quitte. Aujourd'hui, Sarah a renoncé à devenir mère et ses excès ont fait fuir quelques prétendants. Que s'est-il joué pour que, en quatre ans de sexualité non protégée, elle n'ait pas réussi à tomber enceinte malgré l'importance de ce bébé pour elle ? Bertrand détenait cette information. La relation incestuelle vécue entre Sarah et son père l'acculait à un paradoxe : « Haïr ce qu'elle aime, aimer ce qu'elle hait[2]. »

---

1. La Boétie, *Discours de la servitude volontaire*, GF Flammarion, 1993.
2. Maurice Hurni, Giovanna Stoll, *op. cit.*

Encore quelques raisons
qui altèrent la possibilité d'une rencontre

• *J'ai été déçue.* Tous les hommes sont nuls sauf un quelque part qui saura me prouver que l'homme idéal existe. Si vous attendez que la «bonne personne» vous «sauve» de votre solitude, vous vous mettez en dépendance de «l'extérieur», vous perdez votre puissance, vous donnez le pouvoir aux aléas de la vie.

• *Je suis la bonne copine* : je fais le clown pour ne pas être touchée par l'émotion que je ressens en présence d'un homme qui m'intéresse. Je le fais rire et je le console de ses amours contrariées, cela m'évite de m'occuper des miennes…

• *L'entretien d'embauche : je lui fais passer des tests* et je l'attends au tournant pour me conforter dans l'idée qu'il ne fait pas le poids. Je le mets en rivalité avec mon ex et lance incidemment que «j'aime les hommes, au choix généreux, à la sexualité créative, qui prennent l'initiative, des vrais mâles quoi!».

Aujourd'hui, vous êtes nombreuses à avoir cessé d'y croire : «Pas un pour rattraper l'autre», entend-on. À vous écouter dans les coulisses, ceux qui vous feraient craquer ne sont pas ou plus disponibles. Quant aux autres, quels que soient leur âge, leur milieu, leur physique, ils apparaissent comme des serial aventuriers, des ringards ou des perdants. Si vous ne l'avez pas encore croisé, peut-être êtes-vous née sous une mauvaise étoile ? À moins que, de bonne foi, vous ne vous estimiez irréprochable et considériez la gent masculine et la société responsables de vos désillusions ? Difficile en tout cas, avec des lunettes aussi caustiques, de capter leur attention. Généralement, vous y avez cru un moment, puis vous avez été déçue. Au énième échec, vous avez pris du recul. Trop de recul.

L'imitation parentale

Nous avons tendance à projeter l'image de nos parents sur notre entourage, dans la mesure où le passé fonde nos références et conditionne nos choix affectifs. N'oubliez pas que si votre héros prend à des moments stratégiques soudain autant d'importance, c'est qu'il incarne, dans votre « théâtre intérieur [1] », un acteur fondamental de votre histoire : votre mère, votre père, votre frère (voire les trois à la fois !) dans ses principales caractéristiques, par identification ou par opposition. L'homme que vous avez choisi, loin d'être né pour vous manipuler, vous renvoie à un modèle du passé. Vous seule créez ce scénario infernal.

Avec Élise, voyons le scénario du père réparateur :

Divorcée, 35 ans, active, Élise ne comprend pas le charismatique Stanislas, un célibataire de 40 ans qui lui en fait baver depuis six mois. Elle le voit environ une fois par semaine et la relation n'évolue pas. Débordé professionnellement, il lui donne rendez-vous à la dernière minute. Or elle

---

1. Joyce Mac Dougall, *Théâtres du Je*, Gallimard, coll. « Folio Essais », 2004.

doit faire appel à une baby-sitter pour garder son petit garçon de 8 ans ; elle a l'impression de jongler en permanence. Régulièrement, elle se fâche. Nonchalant, laconique mais néanmoins tendre et attentif, il sait les paroles qui attendrissent et les promesses qui retiennent… En clair, il maîtrise l'art d'entretenir la relation sans pour autant s'impliquer.

Au bout du rouleau, Élise, très amoureuse, décide de faire un travail sur elle. Après quelques séances, elle comprend en partie d'où vient l'emprise de Stanislas : comme son père, il est froid et distant ; comme son père, il connaît les mots qui fascinent ; comme son père, c'est un émigré de l'Est qui vient du monde rural ; comme son père enfin, il a brillamment réussi ses études universitaires.

Refusant l'itinéraire paternel, Élise était rentrée dans la vie active à l'âge de 16 ans et avait accédé avec succès au monde du marketing. Malgré cette reconnaissance sociale, son père ne peut être fier d'elle : elle n'a pas fait d'études ! En l'aimant, Stanislas compense cette « défaillance » et la répare, dans son fantasme de petite fille, du père inaccessible qui la négligeait au profit de sa carrière. En la reconnaissant, il lui offre les miettes de sa propre gloire (ses études) et l'aide à affirmer un sentiment d'identité vacillant. Les projections d'Élise l'amènent à craquer, ô paradoxe, pour un homme qui, à l'image de son père, investit le pouvoir mais pas la relation affective.

À Élise désormais de parler avec Stanislas pour transformer leur relation et définir de nouvelles règles qui leur conviennent à tous deux ; à moins que sa prise de conscience ne la pousse à rechercher un homme désireux de partager une vie de famille avec elle. En ce cas, autant approfondir sa réflexion pour ne pas choisir un nouveau compagnon qui, sous des apparences trompeuses, dissimulerait le même personnage.

Avec Marianne, 41 ans, divorcée, plongeons dans le scénario du père idéal :

Gilles, intelligent, agréable et plein d'humour, apporte à Marianne énormément tant sur le plan professionnel que culturel. Depuis un an (ils se connaissent depuis deux ans), il souhaite l'épouser et lui faire un enfant. Malgré un réel désir de devenir mère, Marianne tergiverse, gagne du temps, en parle beaucoup avec ses amies et, en définitive, ne parvient pas à prendre de décision. Pourtant son père, un homme sérieux, reconnu par son entourage, a ouvert sa porte à Gilles. En se livrant à une introspection sans concession, elle réalise que Gilles est autodidacte, comme papa ; il a neuf ans de plus qu'elle, comme papa avec maman.

La comparaison s'arrête là car Gilles est doux et sensible alors que Papa sombre facilement dans la tragédie. Gilles écoute, soigne. Il restaure la petite Marianne tourmentée par un père, lui aussi inaccessible, qui se protège beaucoup et ne sait pas comment communiquer avec sa petite fille. En même temps, malgré une bonne volonté et de réels talents, Gilles ne parvient pas à exister réellement aux yeux de Marianne. Quoi qu'il fasse, il n'arrive pas à la cheville d'un père dont la forte personnalité a inscrit son empreinte au fer rouge dans l'inconscient de sa fille unique.

Pas facile de se positionner vis-à-vis de Gilles dans ces conditions. Accepter un projet de vie commune, c'est reproduire un ersatz du couple de ses parents. Le quitter, c'est passer à côté d'un homme qui l'aime, renoncer à enfanter et, surtout, « piédestaliser » son père en sacrifiant Gilles sur l'autel d'une perfection totalement subjective.

Mais ne croyez pas que l'homme qui vous en fait voir de toutes les couleurs renvoie seulement au père. Prenons l'exemple de Tristane, célibataire, 28 ans, hantée par une mère dévalorisante.

Tristane a habité pendant cinq ans avec Philippe. Elle vit seule depuis six mois au moment de sa rencontre avec Grégory. A priori, tout semble l'opposer à son prédécesseur. Physiquement d'abord : Philippe est de taille moyenne, solide et trapu. Grégory s'impose par sa longue silhouette élancée. Socialement, le premier rêve de pouvoir quand le second œuvre dans l'humanitaire. Politiquement, Philippe vote Nicolas Sarkozy en le trouvant modéré, Grégory ne jure que par Ségolène Royal. Quant à leurs systèmes de valeurs, n'en parlons pas ! Philippe, chrétien traditionaliste, organise des dîners bourgeois en mettant les petits plats dans les grands. Il exprime ses préjugés et ses croyances de façon quasi dictatoriale alors que Grégory reste à l'écoute, s'interroge, cherche à comprendre le monde et doute en permanence. Et pourtant, malgré leurs différences, Philippe et Grégory se comportent exactement de la même manière à l'égard de Tristane.

Philippe s'imposait de manière directe ; il n'hésitait pas à émettre des jugements pour que Tristane se conforme à son image idéale. Grégory procède plus pernicieusement. Il enrobe ses propos de diplomatie et de ressenti mais, finalement, souhaite atteindre l'objectif de Philippe : la transformer en un produit fini proche de ses critères. Il critique, analyse, décortique et rien ne lui convient jamais. Au fond, il rêve d'une petite rousse sexy à la crinière de lionne, concernée et impliquée dans un mouvement social, fantasque et créative, sophistiquée et lascive alors que Tristane, grande brune plate, plutôt simple et naturelle, ordonnée, a déjà du mal à trouver le temps de suivre des cours du soir pour progresser dans sa vie professionnelle.

La méthode de Grégory ? S'attaquer, étape par étape, à tous les points qui le dérangent. Il lui demande de changer et lui suggère les moyens d'y parvenir. Au départ, il travaille le look de Tristane, trop masculin. Puis il l'estime froide, timide et juge qu'elle ne se cultive pas assez. En définitive, il la trouve molle et lui suggère de faire du sport. Tristane subit les caprices de Grégory. Elle ferait n'importe quoi pour lui faire plaisir. De temps à autre, histoire de vérifier son ascendant sur elle, il décide de « disparaître » et ne lui téléphone pas pendant trois jours. Elle reste tétanisée à attendre la fin de son supplice. Elle sait que si elle tente de le joindre, elle tombera systématiquement sur sa boîte vocale.

Week-end du 14 juillet. Grégory la punit une fois de plus : il refuse de se rendre au mariage de Karine, la meilleure amie de Tristane. Elle pleure, déprime et comprend que, chaque semaine, il risque d'inventer de nouvelles exigences… exactement comme sa mère ! Ne criait-elle pas sur les toits qu'elle chérirait Tristane autant que son petit frère si elle devenait la gentille, parfaite et obéissante petite fille qu'elle avait toujours souhaitée ?

Tristane se dirige spontanément vers des hommes qui la maltraitent, comme sa mère. Ils ne l'acceptent pas comme elle est et veulent la faire évoluer vers ce qu'ils estiment être bon pour elle. Naturellement, cette évolution s'effectue sans amour avec, comme dénominateur commun, le désir de prendre le pouvoir dans la relation, quitte à utiliser la manipulation et la dévalorisation pour en assurer la réussite. Un procédé bien connu de Tristane, rompue depuis longtemps aux rouages maternels. De sa nouvelle coupe de cheveux à la forme de ses chaussures, de la longueur de ses jupes au choix de ses amis, de la marque de sa voiture à sa façon de vivre, sa mère la critiquait non stop sans jamais trouver de points positifs.

Les aventures d'Élise, Marianne et Tristane racontent la même histoire, celle d'une projection entre jeunes adultes théoriquement responsables (qui y trouvent leur compte dans un premier temps) mais qui subissent plus qu'ils ne vivent.

Et vous ?

Quels modèles ma famille m'a-t-elle légués ?

Lisez les propositions ci-dessous. Elles correspondent à des tendances, plus ou moins prononcées. Peut-être vous reconnaîtrez-vous ponctuellement ou plusieurs fois ? Il ne s'agit pas de vous juger mais de mieux comprendre comment vous fonctionnez dans vos relations amoureuses. Cela se passe généralement « comme à la maison ». Vous vous comportez « à l'identique » ou « contre ».

Quelques attitudes issues de l'éducation et de la famille :

• Vous tendez à attirer un compagnon dont les comportements s'apparentent à ceux de votre père ou de votre mère. Étudiez vos dernières histoires importantes. À quel parent ressemblent-ils ou, au contraire, s'opposent-ils ? Dans le dernier cas, peut-être vous comportez-vous de façon à ce qu'ils ressemblent au parent en question.

• Votre partenaire vous traite comme le faisaient vos parents lorsque vous étiez enfant.

• Vos grands-parents dévalorisaient vos parents. Ces derniers, enfants, trop petits pour réagir, ont réprimé leur ressentiment et, une fois adultes, vous ont probablement dévalorisée ; un phénomène qui se produit d'une génération à l'autre.

• Puisque vous avez été désapprouvée, vous créez des conflits qui poussent vos partenaires à vous désapprouver ou vous vous désapprouvez vous-même, comme si un parent intérieur au regard sans concession vivait en vous.

• Vous devenez dépendante simultanément et de la réprobation, et de l'amour. Créer de la désapprobation sert à obtenir de l'attention. Mieux vaut une attention négative que pas d'attention du tout.

• Si enfant, vous vous êtes battue avec vos frères et sœurs pour gagner plus d'amour de vos parents, vous aurez tendance à privilégier, une fois adulte, la relation « gagnant/perdant ».

Et maintenant, que faire pour rencontrer une âme sœur ?

Lui faire de la place, au sens figuré

Avant toute chose, commencez par rompre les liens affectifs en cours. Cela vous choque ? C'est normal ! Les soupirants qui vous contemplent avec des yeux de merlan frit, alors même que vous vous damneriez pour un ombrageux romantique au regard acéré, vous rassurent. Si vous les sollicitiez, ils débarqueraient sur-le-champ, prêts à partager une jolie romance. Pour autant, est-ce votre distance qui les attire encore après les traitements nonchalants que vous leur avez fait subir ou sont-ils réellement motivés ? Selon les lois de la nature revues par Claude de Milleville, « même le pigeon crapahute pour obtenir les faveurs de la pigeonne[1] ». Dans cette logique, plus l'homme s'épuise à la conquête, plus se grave dans la relation le sillon profond de l'attachement. Parallèlement, certains n'assiègent la forteresse que parce qu'ils la savent imprenable... La probabilité qu'ils éprouvent autant de difficultés que vous à s'engager n'aurait rien d'étonnant.

Contre toute attente, beaucoup de femmes président un harem. Elles savent pertinemment qu'elles n'iront pas forcément loin, même avec les favoris. Elles se persuadent d'une

_____

1. *Le Couple, une espèce en voie d'apparition*, Solar, 2004.

potentielle évolution de la relation dans le temps. Elles préfèrent entretenir le fantasme de leur reddition auprès de quelques amoureux transis, les maintenir à disposition, plutôt que de les « relâcher » et leur permettre de s'engager avec des femmes plus intéressées. Au-delà de toute morale, et bien qu'il n'existe aucune loi systématique de réciprocité ou de punition, vous risquez d'attirer à vous, une fois de plus, des hommes dont l'éthique ressemble à la vôtre : ils gèrent eux aussi un harem ou ils restent éperdument épris de leurs ex.

Congédiez aussi les amants des soirs de blues, les *fuck friends* ou les *friends with benefits* contre lesquels vous vous endormez sans projets d'avenir. Certes, vous comptez les prévenir dès que vous rencontrerez la bonne personne… Ces hommes, les « pourquoi pas », les « consolateurs du dimanche soir », s'ajouteront à vos propres pesanteurs. Évitez de vous disperser, allégez-vous, partez avec l'essentiel : vos valeurs (voir étape 4) !

Le « gentil » amoureux que vous fréquentez en attendant de meilleurs jours est un être sensible. Il éprouve peut-être plus d'attachement pour vous que vous ne le pensez. Mettez-vous à sa place. Il passe en moyenne deux à trois nuits par mois sous votre couette. Et s'il ne supportait pas la rupture ? S'il débarquait à l'improviste pour une explication ? S'il faisait une scène devant votre nouvel ami ? Peut-être même, en cessant tout contact, allez-vous découvrir qu'il vous manque. Finalement, vous en pincez un peu pour lui, ce qui, vous vous en doutez, change légèrement la donne… Dans tous les cas, avant de partir pour le grand voyage de l'amour, marquer un temps de jachère et retrouver une fraîcheur quasi naïve vous permettront d'assainir le terrain. Si toutefois vous ne vous sentez pas encore prête, préservez-vous, n'y allez pas ! Ce serait comme si vous freiniez de l'intérieur.

Lui faire de la place, au sens propre

Selon les statistiques, un homme séparé ou divorcé retrouve rapidement une compagne. Il semblerait que la peur de la solitude et le besoin de confort l'incitent à cohabiter plus vite, sans exigences démesurées. À l'inverse, la gent féminine éprouverait plus de difficultés alors que, jusqu'à 65 ans, la parité existe. Curieuse contradiction à première vue. De fait, lors d'une séparation, les plus jeunes, avec des salaires identiques et la garde alternée, négocient dans une relative égalité. Au-delà de 40 ans et si des enfants sont nés de cette union, la femme garde fréquemment la maison, rachète sa part ou reprend la location de l'appartement à son nom. Concrètement, en proportion, les hommes partent plus souvent avec leurs vêtements, leurs livres, des CD, un sac de souvenirs divers et, dans le meilleur des cas, quelques meubles de famille et trois tableaux. Forcés de recréer un cocon, ils vont selon leur personnalité, leurs moyens financiers et leur état psychologique :
– retourner chez leurs parents ;
– squatter chez des amis ;
– prendre une chambre de bonne ;
– louer « en attendant » un petit deux-pièces ;
– racheter un logement avec leur part ;
– relever le défi de construire vite et bien un lieu de vie agréable pour eux et leurs ami(e)s.

De fait, les hommes se « recasent » rapidement dans la mesure où les circonstances juridiques et financières de la rupture accélèrent sans doute le processus naturel du deuil. Pendant ce temps, les femmes se déploient dans les volumes qu'elles ont tenu à conserver au nom des enfants.

Alors, concrètement, pour préparer la venue de votre âme sœur, voici quelques conseils :

• Si vous n'avez pas déménagé, investissez différemment votre lieu de vie. Repeignez, changez les meubles de place, achetez de nouveaux rideaux, faites peau neuve dans votre maison. Offrez-vous des plantes, décorez le balcon, plantez des arbres…

• À ce stade, un nettoyage de changement de saison s'impose. Commencez par vous débarrasser de tout ce que vous n'utilisez pas. Plus vous viderez les placards, meubles surnuméraires, plus vous classerez et trierez vos papiers, plus vous centrerez et récupérerez une partie de l'énergie qui restait attachée à votre ancienne vie.

• Regardez la chambre, la salle de bain, les toilettes et la cuisine avec ses yeux : aurait-il envie de passer une matinée sous votre couette ?

• Faites disparaître toutes les affaires de votre ex et ménagez un espace de principe pour le nécessaire de toilette d'une âme sœur ainsi que quelques vêtements de rechange.

• Continuez avec les draps, les serviettes, les affaires obsolètes des enfants, les appareils cassés. Symboliquement, vous laisserez ainsi s'envoler les résidus névrotiques, les souvenirs tristes.

• Rangez les albums photos, débarrassez-vous des vieilles revues, envoyez les feuilles de soin qui s'accumulent à la sécurité sociale.

• Commencez par donner ou vendre les habits trop petits, trop grands, datés, abîmés, irrémédiablement tachés.

• Conservez peu de vêtements, qu'ils soient impeccables et de bonne facture. Préparez des tenues pour vos futures sorties : soir, expo, week-end, vernissage…

• Triez vos produits de beauté, remplacez-les si nécessaire, donnez les sacs à main dont vous ne vous servez pas.

• Documentez-vous sur la manière la plus efficace d'alléger votre univers et votre environnement et de mettre en place quelques règles du Feng Shui[1].

• Lâcher vos possessions vous aidera à desserrer la pression sur l'autre. Comme le fait remarquer Dominique Loreau, « plus vous vous agrippez aux choses, aux gens, aux événements, à un homme, moins vous les possèderez[2] ».

Accomplir ce délestage vous mènera vers des contrées inexplorées jusque lors. Vous vous sentirez puissante, sereine, avec des perspectives d'infinies possibilités. Vous vous focaliserez sur l'essentiel et privilégierez l'harmonie autour de vous.

---

1. Agnès Dumanget, *Vivre votre Feng Shui au quotidien*, Éditions Trajectoire, 2005.
2. Dominique Loreau, *L'Art de l'essentiel*, Flammarion, 2008.

Changez votre manière de voir les choses

• Donnez-vous d'abord de la valeur avant d'en accorder à l'autre. Depuis l'étape 1, il vous est suggéré de vous centrer, vous poser, respirer, de prendre le temps de ressentir, de comprendre ce qui se rejoue dans le présent. La perspective de projets a été évoquée régulièrement.

Pourquoi vous a-t-il été proposé au tout début de ce livre d'écrire la liste de vos rêves ? Parce qu'en vous investissant, en choisissant les voies qui vous intéressent, bref en « devenant ce que vous êtes », vous vous transformerez en une femme intéressante parce que passionnée et en accord avec elle-même. Cette cohérence vous rend de surcroît autonome émotionnellement. En effet, si un homme vous décevait, vous vous trouveriez fort occupée par ailleurs. Vous ne jouez pas le jeu de l'indifférence pour l'obliger à ramper, vous privilégiez simplement les actions susceptibles de contribuer à votre épanouissement.

• Développer une activité lucrative en accord avec vos valeurs contribue à votre autonomie financière. Ses moyens le conduisent à vous inviter en week-end à Venise ? Tant mieux ! Mais si vous pouvez vous offrir Florence (Venise est décidément une ville trop romantique pour en parcourir les ruelles seule !) sans attendre la carte bancaire d'un mâle, vous vous sentirez une femme entière et debout.

• Pour trouver une âme sœur, encore faut-il vous en sentir digne et vous l'autoriser. Méritez-vous de vivre l'amour avec un homme que vous aimez et qui vous aime ? Vous permettez-vous d'accepter ce qui est bon pour vous ?

Comprendre que la différence entre un rêve et un projet, c'est la date!

Trouver une âme sœur devrait désormais faire partie de vos priorités. Si vous investissez toute votre énergie à négocier votre divorce ou à passer un master, ces activités entraveront la possibilité d'une belle histoire satisfaisante. Votre position à l'égard de l'amour en général, de l'homme en particulier, va attirer ou repousser celui que vous attendez. Vous devez clarifier vos intentions, disséquez vos motivations pour que vos ombres n'assombrissent pas votre démarche. Combien de temps êtes-vous prête à consacrer à cette démarche?

Exercice : Je trouve une âme sœur

• Prenez votre second cahier et inscrivez : « Je trouve une âme sœur », et ajoutez la date.
Exemple : Au 1er janvier 2012, j'aime et je suis aimée d'une âme sœur.
• Choisissez la date qui vous inspire : Saint-Valentin (14 février), Saint-Amour (9 août), Printemps (21 mars), votre anniversaire, etc.
• Prévoyez un peu de temps, mais pas trop ! Surtout, fixez l'année.
• Déterminez à quel moment vous vous lancerez :
Je passe à l'action à partir du…
J'y consacrerai x heures par jour/semaine.
Lors de l'étape 4, vous entrerez dans le détail du

programme. Pour le moment, déblayez d'éventuelles entraves et préparez-vous psychologiquement et symboliquement à faire de la place à votre âme sœur.

En terminer une fois pour toutes avec le prince charmant, la fille canon… et encore d'autres idées reçues !

À l'instar du père Noël, personne n'y croit plus depuis longtemps. Et pourtant… Beaucoup de femmes, au cœur de la nuit, dans leur lit, même celles qui ne vivent pas seules, s'endorment avec son image. Elles lui sourient, lui parlent, le caressent ; elles l'imaginent sur mesure, séduisant, glamour, dense, « zen », moins ceci, plus cela… Naturellement, beaucoup pratiquent le déni : « L'homme idéal n'est pas de ce monde ; j'ai été victime des contes de fées, etc. » Pour autant, elles nourrissent l'intime conviction que, si pour les autres il n'existe pas, avec « Elle » ce sera différent. Ce fantasme d'unicité, d'incarner « une personne spéciale », correspond à un profond besoin féminin ; il produit des ravages.

L'archétype du prince, profondément incrusté dans l'inconscient collectif, continue à fasciner des générations de fillettes. Bien que controversé par les féministes, il a trouvé des relais au-delà des contes de fées. Lorsque vous l'évoquez, vous ne tarissez pas : détails physiques, personnalité, implantation du système pileux, centres d'intérêt, vous dressez un véritable portrait-robot. Parallèlement, vous produisez une liste non exhaustive de critères rédhibitoires : les roux, les bruns, les blonds, les petits, les géants, les chauves, les velus, les manuels, les intellectuels, au choix… Quand vous décrivez cet aventurier des mers du Sud, ce bourreau des cœurs et ce Batman, est-ce bien vous qui parlez ou n'êtes-vous qu'un porte-parole ? Derrière vous, qui se cache ? Votre mère ? Vos copines ? Les magazines féminins ? Les héroïnes des contes de votre enfance ? Bridget Jones ? La réponse n'est sans doute pas si simple. À force d'élaborer une image idéalisée, et ce depuis des années, vous avez parfois tendance à focaliser sur ce profil, au point de porter peu d'attention à ce qui se passe autour de vous.

Les hommes rêvent aussi. Il suffit de lire leurs petites annonces pour s'apercevoir qu'ils cherchent tout autant leur princesse, celle qui leur « donnera envie d'aimer », voire « envie d'avoir envie ». Elle « chanterait et danserait pour eux ». Elle les « ferait rêver ». À la fois fascinante et présente, souvent inaccessible, elle plane, mystérieuse, au-dessus du quotidien d'un homme parfois déjà engagé. Ainsi, ils continuent, d'une autre façon, à vivre dans l'illusion.

À la première lecture, la multiplicité des « représentations » du prince reflète la diversité des âmes qui les ont créées ; en d'autres termes, à chacun(e) son type ! Une seconde lecture révèle un phénomène inquiétant. Dans les soirées, les dîners, sur les lieux de rencontres, seule une poignée de mâles intéresse les femmes, et réciproquement. Puis vient le second choix. Certains rabaissent leurs prétentions ; les autres (les femmes en majorité) critiquent systématiquement (les invités, la décoration, ce type de réunions, la maîtresse de maison, la rencontre en ligne…) et rentrent bredouilles. Il appartient à ces inconscientes de se perdre dans leurs songes. En revanche, il vous appartient de profiter de ceux qu'elles délaissent.

Le prince charmant
dans sa version contemporaine

Il trône au milieu des histoires d'amour : feuilletons historiques, pavés sentimentaux tournés à la chaîne par les nouvelles égéries anglo-saxonnes, sagas acidulées, nouvelles de l'été, témoignages de lectrices dans les magazines, romans-photos, romans roses ou rouges, *chick litterature*, etc. Certes, les créatures surannées inventées par Barbara Cartland et Guy des Cars cèdent désormais la place aux journalistes dévergondées, aux productrices d'émissions culturelles ou de variété, aux stylistes d'avant-garde ; sans doute la déclaration d'amour ne clôt-elle plus systématiquement l'ouvrage : pour autant, la chasse à l'homme reste une préoccupation majeure pour les protagonistes, toutes générations confondues. Dans cette perspective, échapper aux films et séries télévisées, souvent adaptés de ces œuvres, relève de l'exploit. Parallèlement, les comédies romantiques d'outre-Atlantique suscitent dans les chaumières de l'Hexagone troubles et doutes. Le magnétisme de Jude Law n'atténue-t-il pas l'éclat des mâles environnants ? À l'inverse, les productions francophones privilégient plutôt la difficulté d'aimer. Que de modèles contradictoires ! Entre l'écorché vif ténébreux, envahi par le doute, le dandy de service et le beau gosse éblouissant d'assurance, occuper simplement une voie du milieu relève du défi pour un homme.

Les hommes préfèrent les femmes jeunes... ou plutôt les préféraient

Pendant des siècles, un nombre important de femmes mourait en couches. Pour s'occuper de la progéniture, les pères prenaient une marâtre. Le mythe des barbons, cher aux comédies de Molière, a pris racine, en partie, dans cette réalité. Aujourd'hui, une écologie « naturelle » se met en place : la situation s'inverse. Selon le psychiatre Patrick Lemoine[1], l'augmentation de l'espérance de vie des femmes, passée de 25 ans au XVIIᵉ siècle, à 85 ans environ aujourd'hui, favorise des unions avec des partenaires plus jeunes. Le couple évolutionniste[2] (qui féconde pour procréer et peupler la Terre) disparaîtrait au profit d'une logique sociétale. Face à cette carence masculine, passé 70 ans, les femmes choisiront naturellement des partenaires plus jeunes pour maintenir l'équilibre de la pyramide des âges.

1. Patrick Lemoine, *Séduire, Comment l'amour vient aux humains*, J'ai lu, collection « Bien-Être », 2005.

2. Voir David Buss, *Ces stratégies de l'amour*, InterÉditions, 1997.

Les femmes préfèrent les hommes plus mûrs : ça aussi c'est fini !

La société mue. Dans les années 1980, une quadra trouvait relativement normal de s'afficher avec un chevalier servant de 60 ans. Aujourd'hui, hormis la recherche névrotique d'un père, un intérêt pour les finances du monsieur ou une fascination pour son intelligence hors du commun, les femmes privilégient des partenaires légèrement plus jeunes : « Ils me renvoient un miroir valorisant et, sur la distance, se révèlent plus vaillants », affirme Élodie, 39 ans, en couple avec Sébastien, 35 ans.

Et en même temps, comme pour confirmer ces faits, la déferlante des cinquantièmes jubilantes[1] et leurs consœurs « tendance » (Susan Sharandon, Madonna, Claire Chazal, Demi Moore, etc.) qui convolent avec de jeunes amants amorcent un mouvement révolutionnaire dans l'histoire de l'humanité. Martine, 53 ans, en rit :

---

1. En mai 1997, à l'occasion de la cinquantième édition du Festival de Cannes, Macha Méril crée les « Cinquantièmes jubilantes ». Avec ses « copines de la Nouvelle Vague », Alexandra Stewart, Bernadette Laffont et Anna Karina, elles provoquent l'événement sur la Croisette. But de l'opération : une meilleure représentation des femmes de plus de 50 ans au cinéma et à la télévision. En quelques semaines, Macha Méril reçoit plus de six mille lettres de femmes de 50 ans et plus, qu'elle classe dans deux catégories : « Celles qui sont en pleine détresse après avoir été plaquées » et « Celles qui envoient une photo d'elles en maillot de bain, à côté de la piscine, pour dire : je commence quelque chose de nouveau ». Ces lettres encouragent l'association à continuer (*L'Humanité*, mai 2002).

Les hommes de 50 ans affirment que leurs ex-femmes, du même âge pour la plupart, ne veulent pas de « bébés adulescents » et ne regardent pas un homme de moins de 45 ans. C'est du bluff ! Ils revendiquent leur pouvoir de séduction sur les très jeunes femmes, mais considèrent l'inverse comme impossible ou « antinaturel ».

Les quinquas prennent désormais soin de leur corps. Elles conquièrent et retiennent sans difficultés des hommes de cinq, dix, voire vingt ans de moins qu'elles. S'il est vrai qu'une actrice riche et belle attirera des soupirants toute sa vie durant, des « dames » affligées de physiques « standards » captivent de beaux gaillards et les retiennent de longues années. D'une manière générale, la séduction des êtres au-delà de 30 ans repose davantage sur ce qu'ils dégagent que sur leur apparence. Pour durer, d'autres critères entrent en jeu, comme l'aptitude à accueillir l'autre, la qualité de l'intimité ou l'harmonie des rapports sexuels. J'aurai l'opportunité de développer ce point à l'étape 5.

Passez de l'autre côté du miroir

Et observez.
• Si vous rencontrez un homme qui donne peu ou au compte-goutte, demandez-vous si vous ne faites pas la même chose.

• Si vous rencontrez un homme pas disponible, qui travaille beaucoup, qui vit loin ou qui est déjà engagé ou renâcle à le faire, demandez-vous si :

– vous avez terminé le deuil de votre ex ;

– vous ne seriez pas phobique de l'engagement ;

– vos parents âgés ou votre ado en crise ne prennent pas tout votre temps.

• Si vous rencontrez un homme méchant, dévalorisant, infidèle qui ne montre pas ses émotions, demandez-vous si :

– au fond de vous, vous méritez tant que ça d'être aimée et respectée ;

– il se comporte comme vos parents entre eux ou envers vous.

• Si vous ne rencontrez que des « lâches, des loosers, des égoïstes », demandez-vous si vous n'attireriez pas précisément les « lâches, les loosers, les égoïstes » parce que votre GPS (guidage par subconscient) est branché sur eux.

• Si vous rencontrez des hommes qui ont des problèmes avec la sexualité (impuissance, précocité), demandez-vous si :

– vous aimez vraiment faire l'amour ;

– les femmes de votre famille ne vous ont pas toujours dit que c'était dégoûtant ;

– vous vous sentez vraiment désirable, avec vos complexes (maigre, plate, grosse, vieille, moche, etc.).

Étape 3

Je tiens compte de la réalité
J'observe le PAF
(Perspectives Amoureuses des Femmes)

Bref panorama des réactions suscitées par le féminisme

Après des siècles de domination masculine, les revendications féministes se justifient. Personne ne songe à revenir sur les acquis. Autrefois, faute de moyens financiers, les femmes refoulaient pour supporter leur couple, éduquer les enfants. Aujourd'hui, elles réclament une vie pleine : métier, liberté, un enfant si et quand elles veulent… et l'amour ! Dans les faits, l'indépendance financière leur a donné un espace pour s'exprimer. Ce qu'elles contenaient autrefois les submerge. Au-delà des mémoires de l'inconscient collectif (suprématie des hommes) affleurent les blessures personnelles : abus, mépris, rejet. Par conséquent, des comportements émergents, quelquefois contradictoires, apparaissent : attentes disproportionnées, choix souvent irrationnel du partenaire, sexualité débridée ou mécanique, rêves de midinettes…

Comprendre les nouveaux enjeux relationnels nécessite d'examiner les motivations de chaque femme, qui varient en fonction de son nombre de printemps et de son histoire. Toutes ont traversé les bouleversements de la révolution sexuelle. Elles se sont confrontées aux « prototypes masculins » de leur âge, plus mûrs ou plus jeunes, dans la joie, la douleur, la transgression. Leurs croyances se sont construites à partir de ces expériences. Force est de constater aujourd'hui leur désarroi dans leur quête d'une âme complice.

Les réflexions qui suivent se fondent sur une vingtaine d'années d'observation, dans la vraie vie, au sein de mon agence, puis aux cafés de l'amour, dans les stages de développement personnel, lors des conférences données, dans les allées d'un salon dédié au mieux-être, par mail… Ces tendances se retrouvent dans les blogs[1] tenus par des hommes et des femmes de tous âges. Sans commenter Mai 68, regardons l'influence de ces événements sur la donne amoureuse.

La société se féminise. Le « fémininement correct » supplantera bientôt le « politiquement correct[2] ». Les hommes, sommés d'exprimer leur part féminine, subiraient une crise identitaire et sociale dans tous leurs rôles : compagnons, pères et citoyens. Les dégâts seraient considérables : perte de désir, déficit de loi, société maternante[3]. De fait, les nombreuses caractéristiques attribuées à l'un des sexes pourraient

---

1. http://chroniqueduneviesamoureusemouvementee.blogspot.com, www.vingtenaires.com, www.anadema.fr, www.saskiablog.fr

2. Hélène Vecchiali, *Ainsi soient-ils. Sans de vrais hommes, point de vraies femmes*, Calmann-Lévy, 2005.

3. Éric Zemmour, *Le Premier Sexe*, Denoël, 2006.

l'être aussi à l'autre[1]. Certains révèlent une hypersensibilité, quand leurs compagnes se conduisent comme les pires machos. En même temps, et malgré les pressions exercées, les garçons jouent toujours à la guerre et les filles à la poupée. Le féminisme n'aurait-il apporté aux femmes que le droit d'être des hommes[2] ? Dans de nombreux domaines, et particulièrement en amour, elles se montrent comme eux, actives, conquérantes, dominatrices parfois... Perdus par tant de bouleversements, ils ignorent souvent comment aborder, séduire, entreprendre, voire décoder leurs (futures) compagnes... À les entendre, elles n'assument pas leur vulnérabilité, leur éventuelle dépendance et, sacrilège, donnent mais ne savent plus recevoir.

Si les portraits ci-dessous paraissent caricaturaux, ils décrivent une grande partie des femmes prêtes à partager une idylle à l'heure actuelle. Ils contribuent à éclaircir un aspect dont on parle peu : à tout âge, elles aiment plaire, beaucoup n'ont renoncé ni aux hommes ni au sexe. Même si, comme Béatrice, 55 ans, elles s'inquiètent : « J'ai peur de paraître trop moche, mon corps a vieilli, comment vais-je me présenter à un homme ? », la pulsion de vie, l'envie d'aimer, dominent.

---

1. Sophie Cadalen, *Hommes, femmes, Ni Mars, ni Vénus*, Leduc.s, 2006.

2. Natacha Polony, *L'homme est l'avenir de la femme*, J.-C. Lattès, 2008.

Conséquences du féminisme sur les relations amoureuses

Chez les sexas

Elles s'appellent Martine, Nicole, Danièle, Françoise, Michelle… Nées pendant la Seconde Guerre mondiale et après, produits d'une éducation classique, elles se sont mariées et n'ont pas tardé à enfanter. À cette époque, on divorçait rarement ou alors tardivement. Les quatre cinquièmes de ces femmes dorlotent leurs petits-enfants, avec ou sans conjoint ; elles mènent une vie artistique, culturelle ou touristique intense. Les autres, à peine 60 ans dans leur tête, pouponnent à l'occasion et suivent le modèle de leurs cadettes, les baby-boomeuses. Ces dernières constituent aussi une cible marketing au fort pouvoir d'achat. Non contentes de s'intéresser aux hommes, elles consomment pour les séduire. Elles n'oublient pas que dans sexagénaire, il y a « sexe ».

> *Cécile, 62 ans, divorcée depuis vingt-cinq ans, collectionne les jeunes quadras en attendant le quinqua « à la hauteur de ses ambitions ». Elle ne négocie pas : « Au-delà de 60 ans, j'aurais l'impression de coucher avec un vieux ! »*

Chez les quinquas

Elles se prénomment Catherine, Brigitte, Chantal, Marie-Christine, Bernadette... Les unes exercent encore une activité, les autres sont préretraitées. Un essai est paru à leur sujet en 2000 : *Elles croyaient qu'elles ne vieilliraient jamais. Les filles du baby-boom ont 50 ans*[1]. La quatrième de couverture annonçait la couleur : « Elles ont vécu 68 et les "années femme", connu le plein-emploi et l'amour dans tous ses états, glorifié la jeunesse, "ringardisé" les vieux... Mais, abordant à leur tour la cinquantaine, les voici rattrapées par l'âge. Le corps les lâche tandis que la société les largue. Dans un monde qui n'aime ni l'idée ni l'image du vieillissement, il leur faut affronter un regard qui les prive de reconnaissance. »

Nombreuses sont celles qui ont bloqué le curseur à 50 ans et, bien souvent, cela ne se voit ni dans leur tête, ni sur leur corps. Là encore, on retrouve un courant traditionnel : provinciales, issues d'une famille à fortes valeurs (bourgeoisie ou milieu ouvrier), elles se sont mariées jeunes, et sont devenues mères rapidement. Elles sont divorcées depuis une dizaine d'années ou viennent de le faire. Certaines, arrivées sur « le marché » après des décennies de mariage, ont attendu que leurs rejetons soient tirés d'affaire. Fréquemment, psychothérapie et développement personnel donnent du sens à leur histoire. Leur progéniture, des ados tardifs ou de jeunes

---

1. Régine Lemoine-Darthois, Élisabeth Weissman, Albin Michel, 2000.

adultes, leur laissent du temps. Initialement, elles ont eu peu d'amants ou pas, mais se sont rattrapées depuis. Souvent trompées par leurs maris, ce qui a contribué au divorce, elles ont développé à l'encontre du masculin une méfiance teintée d'animosité dont elles ne semblent pas avoir conscience. Par culpabilité sans doute, leurs ex leur ont laissé une rente confortable et un capital qui s'ajoute parfois à un héritage (car leurs parents, victimes des privations de la guerre, déplorent une espérance de vie plus limitée que la leur).

Françoise, 52 ans, a « subi » son divorce. Le couple s'était permis quelques aventures extra-conjugales. Mais deux ans auparavant… Jean, son mari, né la même année qu'elle, rencontre sur une piste de danse Madeleine, 63 ans, mariée elle aussi. Les corps s'emboîtent, c'est l'alchimie. Jean perd les pédales. Françoise, vexée, lui demande de « débarrasser le plancher ». Elle le regrette encore… tout en le haïssant. Elle mesure chaque partenaire potentiel à l'aune de Jean et le juge systématiquement médiocre. Jean, quant à lui, a confié à ses proches que l'intimité avec Françoise ne le satisfaisait pas vraiment.

Sylvie, 56 ans, n'a pas réellement vécu de relation intime depuis sa séparation, dix ans plus tôt. Une ou deux rencontres furtives l'ont déçue. Depuis, elle se pomponne, rêve qu'un bel homme sonne un soir à sa porte et, faute de grive, se nourrit des romans de Douglas Kennedy.

À l'inverse, Marie-Christine, 53 ans, séparée depuis six mois, vient enfin de louer un bijou d'appartement en attendant la vente de la maison conjugale. Son mari, quinze ans de plus, la persécute. Il n'accepte pas sa décision. Mais

*Marie-Christine s'en moque. Elle a découvert les rencontres sur Internet et retrouve ses 20 ans tant derrière son écran qu'*in situ.

Les plus rebelles s'inscrivent dans la droite ligne du courant « révolution sexuelle ». Elles se sont battues pour leur liberté, au détriment de leur vie amoureuse. Des mâles ont occupé leur lit certes, mais pas de façon régulière et officielle. Financièrement autonomes, elles ont élevé seule leur descendance. Désormais, elles se sentent disponibles pour un partenaire ; elles se disent déçues par ceux qu'elles croisent. Notons une proportion importante de femmes entre 50 et 60 ans sans enfants, jamais passées devant le maire. De là à penser que l'effet Mai 68 les aurait autorisées à ne pas procréer...

Chez les quadras

Elles s'appellent Virginie, Stéphanie, Valérie, Véronique, Nathalie, Sylvie, Christine, Patricia, Corinne, Isabelle... Dignes héritières de la libération sexuelle, les filles des sexas ont reçu la pilule et l'avortement dans leur corbeille de naissance. Elles ont à peine profité de l'« avant-sida » puis se sont rangées. Les plus audacieuses ont goûté au concubinage et à la liberté des années 1980. Les « bourgeoises », confortablement mariées à des entrepreneurs, vivent l'éternel déchirement entre culpabilité judéo-chrétienne et envie d'accéder au plaisir « sans entraves ». Elles représentent la première génération à s'être engagée par amour, entre 25 et

30 ans. C'est sans doute ce rêve brisé qu'elles ne pardonne-ront pas à leur époux lorsqu'elles demanderont le divorce, dix ou vingt ans plus tard. Elles n'ont pourtant pas lésiné pour l'inciter à changer. Bien qu'elles gardent souvent la maison, elles lui feront payer leur déception : ne pas avoir incarné le prince dont elles rêvaient.

Elles ont sorti l'artillerie lourde, surtout autour de l'an 2000, avec des accusations d'attouchements, voire d'inceste, qui se sont fort heureusement transformées en « classiques » plaintes pour violence physique. Certains pères se sont retrouvés à la porte *manu militari*, écrasés par des exigences financières à la limite de leurs possibilités. D'autres, injustement privés de leurs enfants pendant des années, se sont rebellés au sein d'associations[1]. Combien de ces quadras détruits[2] réécrivaient leur histoire pour la rendre supportable !

> *Philippe, 45 ans, raconte : « Je l'ai aimée comme un fou. J'avais 32 ans, elle, 20. Je l'ai emmenée vivre aux Antilles, nous nous sommes mariés, avons conçu le petit Charles. Peut-être le fait d'être à ma charge l'a-t-elle perturbée ? Peut-être qu'elle cherchait son père… Pour faire court, elle est repartie en métropole. J'ai tout fait pour suivre mon fils et obtenir la garde alternée. Je vis seul, je m'occupe de chevaux dans un haras et de Charles ! Une chose est certaine, j'ai tellement morflé que je ne suis pas prêt de me remettre en ménage. »*

---

1. www.sospapa.net
2. http://papasolo.blogspot.com

Depuis quelques années, et grâce au subversif *Fausse Route*[1] d'Élisabeth Badinter, la violence des femmes et ses différents visages, phénomène de société tabou jusque lors, apparaît au grand jour. La célèbre avocate, très controversée, n'excuse ni n'exclut celle des hommes ; elle analyse la violence féminine et en montre la complexité.

Nathalie, 44 ans, sans emploi, demande le divorce. Elle accuse Yann, son époux, cadre dans l'industrie pharmaceutique, de violence physique. Ses preuves ? Des amis attestent que Nathalie leur aurait dit avoir été battue. Pas un certificat médical ni une main courante ne confirment les faits. Pourtant le juge demande à Yann de quitter sa maison en une semaine ; il verra ses enfants (16, 12 et 5 ans) les mercredis et les samedis, uniquement dans la journée pour qu'ils ne puissent pas dormir chez lui, au cas où il les frapperait... Depuis trois ans, Yann se bat pour les emmener en vacances, en vain. Nathalie fait durer... Elle a installé son amant dans la maison. Il l'entretient, mais elle déclare vivre seule à la CAF.

Chez les vingtenaires et les jeunes trentenaires

Emma, Aurélie, Marjorie, Charlène, Thipaine, Audrey, Daphné, Annabelle, Jessica... les femmes de la génération sida ont vu le jour au début des années 1970. Les plus jeunes, Vanessa, Margaux, issues des années 1980, risquent d'être

---

1. Odile Jacob, 2003.

concernées par les mêmes questionnements à moyen terme. Elles ont reçu, nous le verrons à différentes reprises, un cadeau empoisonné : la révolution sexuelle obligatoire, encensée par les médias. Ces pionnières incarnent la « branchitude » libérée. Elles voyagent, s'habillent à la dernière mode, possèdent un sex-toy et ont parfois déjà embrassé une copine sur la bouche. Généralement élevées par leur mère, ou avec un père absent, elles aiment leur métier. Toujours pas mariées, elles arborent une assurance à toute épreuve malgré la demande familiale : « Quand vas-tu nous faire des petits, ma fille ? »

Jean-Claude Kaufman, dans son ouvrage *La Femme seule et le Prince charmant*[1], confirme leur évolution sociologique : « La femme seule (…) entretient son corps et met sa vie en scène. Plus belle, forte, sûre d'elle, elle attire mais elle intimide aussi. Plus l'affirmation de soi devient forte, plus elle devient révolutionnaire et subversive (…) Ces femmes ne sont plus en marge, mais paraissent innovatrices, inscrites dans les grandes villes, la jeunesse, les groupes cultivés ». À l'inverse, pour les « dinosaures de l'amour », l'amour absolu tombe du ciel. Le présent est rempli de manque : « mari, bébé, maison », le rêve devient obsession : « Elles se forcent à sortir pour tenter de nouer de nouveaux liens et rencontrer enfin le Prince. D'autres se replient chez elles et s'enfoncent dans la solitude la plus noire. »

Nous parlons ici des célibataires sans enfants. Les trentenaires divorcées se situent généralement à mi-chemin entre les quadras et la génération de leurs petites sœurs. En

---

1. Pocket, 2001.

revanche, avec les très jeunes mamans solo, « on est loin du cliché de la célibattante ayant fait un bébé toute seule, travaillant dans la pub, roulant en Mini avec l'adorable bambin habillé chez Kenzo kids attaché à l'arrière ! Des comme cela, il y en a, mais elles sont quand même très minoritaires[1] ». L'augmentation du nombre des jeunes mamans célibataires et la recrudescence de maternité chez les 20-25 ans trouvent peut-être leur origine dans le phénomène suivant : les difficultés vécues par les aînées déclencheraient chez les cadettes un désir précoce de mettre au monde. Quitte à élever seule la chair de sa chair, ce qui arrive une fois sur deux en métropole, autant ne pas renoncer à la maternité ! Examinons maintenant quelques profils de ces « vingt-trentenaires ».

La Bridget Jones « française ». Très différente de son homologue britannique, elle pratique le *one shot*[2] sans tergiverser et ne panique pas si son amant ne la recontacte pas sous quarante-huit heures. « Coucher » le premier soir, voire le second, fait partie de sa culture ; le contraire la surprendrait. Pas une seconde, elle ne doute de sa façon d'être. Quand, avec le temps, elle espère une prolongation de la relation, elle justifie la situation : « Les hommes ? Des adulescents, phobiques de l'engagement. » Sa mère l'a poussée à l'indépendance sans forcément montrer elle-même l'exemple. Elle a donc suivi des études, s'est investie dans son travail et a reporté *sine die* le projet enfants. Elle passe pour une fille intelligente, intéressante, bref une fille qui s'assume. Le mot

---

1. Pascal Lardellier, *La Guerre des mères*, Fayard, 2009.
2. *One shot* : « coup d'un soir ».

« castratrice » revient parfois dans la bouche des messieurs à son propos et elle ne comprend pas pourquoi. Elle endosse le rôle de la femme forte qui n'a besoin de rien, surtout pas d'un homme. Elle prend même l'air de ne pas être intéressée, au point qu'on finit par la croire.

Les plus excessives se sont davantage identifiées aux chanteuses branchées des années 1990 qu'à Juliette Binoche. En fonction de leur budget, elles fréquentent les enseignes des galeries commerciales ou les marques. Elles peaufinent une image sexy et se croient irrésistibles, au point de faire souvent la tête et d'afficher un air hautain qui tient l'autre à distance. Elles s'entraînent à allumer les hommes avec leur corps depuis l'adolescence ; naturellement, ils réagissent. Cet énorme pouvoir les empêche de se remettre en cause. Conditionnées par leur éducation et les médias, elles considèrent que tout leur est dû. Elles symbolisent « la » femme, subtile, sublime, urbaine, branchée, dynamique dont le look, l'esprit et l'humour décapant suffisent pour tout obtenir. « On » les valorise quoi qu'elles accomplissent. Elles méritent donc un homme parfait, selon des critères au demeurant aléatoires. Elles décrivent longuement comment elles veulent être aimées, sans se demander une seconde comment leur partenaire souhaite l'être. Ainsi, ceux « qui n'assurent pas » se voient congédier sans explication, mais pas sans sarcasmes. Ces femmes modernes, éduquées comme des princesses, ignorent la signification du mot « respect ».

Les prisonnières de l'horloge biologique. Un beau jour, entre 27 et 33 ans, le désir d'enfant survient. Elles découvrent alors que la donne change quand il s'agit de passer des aventures à la fondation d'une famille. Cela reste pourtant très intellectuel. Certaines, désemparées, prises dans le paradoxe de la libération sexuelle, oscillent entre : « Je veux-je veux pas », « Je veux mais ça vient pas », « Ça vient mais je sais pas quoi en faire » parce que finalement je sais toujours pas si « je veux ou je veux pas ». Ne dramatisons pas : malgré cela, beaucoup de trentenaires se marient, cohabitent, font des bébés. Dire que cette union dépassera la décade reste une autre histoire. Quant aux 35-39 ans, elles admettent enfin les difficultés éprouvées à créer un lien amoureux. Elles entreprennent une démarche thérapeutique tardive pour rencontrer un homme et peut-être devenir maman avant la « date limite ».

Les femmes qui font peur aux hommes. Laurence Dorlhac et Valérie Urbini, auteurs d'une enquête de terrain, *Pourquoi les femmes font-elles peur aux hommes ?*[1], parviennent à un constat similaire. Il s'agit de leur faire de la place : « Les hommes éprouvent un sentiment d'impuissance (sans mauvais jeu de mots) devant ces femmes célibataires qui affichent bien d'autres priorités que celle de s'occuper de leur couple. (…) À trop s'affirmer si bien toute seule, on continue à forger l'image de l'égoïste parfaite. À ne plus se soucier de sentimentalité, celle de n'être amoureuse que de nous-mêmes (…) À force de se libérer, la parole féminine a fait s'évanouir le mystère de l'homme pour le remplacer par une longue liste de critères et de comparaisons entre les différentes expériences. »

Dans l'ensemble, aussi bien les « exigeantes » que les « mal

---

1. Calmann-Lévy, 2009.

dans leur peau » présentent une cuirasse telle que toute féminité semble avoir disparu. Derrière cette barrière, elles prétendent choisir, décider, contrôler… Elles se protègent, comme pour dissimuler leur vulnérabilité. Si elles s'abandonnaient, on verrait que, à l'intérieur, elles aspirent seulement à l'amour. Elles perdraient alors toute crédibilité et, drame, risqueraient de craquer, c'est-à-dire d'être séduites et abandonnées. Justement, il paraît qu'en face, les hommes auraient peur de ne pas être à la hauteur, sexuellement, socialement. Leurs repères ? Envolés ! Traités de machos, puis de gonzesses, quels que soient leurs comportements, ils ne correspondent jamais aux attentes féminines ; dans le doute ils s'abstiennent. D'ailleurs, elles ont déjà tellement « tout » qu'il faudra « produire » énormément pour les satisfaire.

Et si, au lieu de se présenter comme une « fière-parfaite-qui-se-débrouille-toute-seule », elles baissaient la garde, se montraient authentiques ? Et maintenant, voyons ce que ces messieurs pensent de ces dames…

Des hommes jetables. Pour les vingtenaires et les jeunes trentenaires, les hommes seraient devenus des produits jetables. C'est ce que certains d'entre eux ressentent, comme le montrent les témoignages suivants.

Sébastien, 28 ans, a travaillé comme extra plusieurs étés de suite dans une boîte de nuit branchée de la Côte d'Azur :

> *Grâce à ce job, j'ai pu coucher avec une centaine de filles en trois saisons. Je suis assez mignon, mais dans la norme. J'ai été super sollicité. À 20 ans, tu ne refuses pas une opportunité. Toutes les nuits, je m'éclatais, les filles tombaient du*

ciel ; elles voulaient juste coucher, rien de plus. Elles sont plus libérées sexuellement, plus disponibles, mais aussi moins fidèles à leur copain, mêmes si elles le connaissent depuis plusieurs années. En fait, elles agissent comme nous ! J'en ai bien profité ! C'est comme dans la vie, au fond. On consomme, on jette, on vit au jour le jour. Et on voudrait que je les respecte après ça ?

Première entrée en contact : le sexe. Premier repère : le sexe ! Comment s'étonner que ces hommes, quelques années plus tard, trouvent normal d'exiger ce qu'ils ont toujours obtenu sans efforts ? Damien, 27 ans, va dans le même sens :

Dans les afterwork, c'est facile de « pécho ». Les filles s'habillent sexy pour se faire remarquer. Si elle porte une mini et qu'elle exhibe ses seins, c'est pas pour tomber amoureuse ! Un peu d'alcool et on y va !

Pour David, 29 ans :

Elles nous font payer la domination de nos grands-pères, arrière-grands-pères, etc. Elles nous narguent, nous prennent à défaut dans le genre : « Tu peux toujours essayer, tu ne feras pas aussi bien que moi ! » Elles planifient... Elles veulent tout contrôler, jusqu'à ta manière de leur faire l'amour ! Quand elles te draguent, tu es leur objet. Quand tu les dragues, tu deviens l'homme à abattre et elles sont sur la défensive... Si tu montres la moindre faiblesse, tu es critiqué, si tu es romantique, tu deviens le gentil garçon ; quoi que tu fasses, ça ne leur va jamais. Alors au bout d'un moment, tu ne prends plus de risques, tu lâches l'affaire et là, elles te méprisent et crient sur les toits que tu n'as pas de couilles ! Ou alors elles rampent et en redemandent parce que tu as osé leur tenir tête.

Alexandre, 34 ans, se livre :

La célibataire autour de 30 ans a un peu trop vécu. Trop d'espoirs, de déceptions, de liaisons... Elle s'est éclatée sans compter, maintenant elle veut un type solide et le projet qui va avec. Pour peu qu'elle ait été trahie, elle est sur la défensive... Tu as intérêt à la jouer Mr Right, parce que cette fois, pas question qu'elle se plante ! Son obsession : les enfants ! Tu te demandes à quel moment elle va t'en parler ! En plus, tu dois entrer dans le moule du type gentil, serviable, dévoué, tout en étant viril. Elle te veut à son service, mais elle ne lèverait pas le petit doigt pour rentrer dans ton moule à toi.

La liste des doléances pourrait remplir un chapitre entier, avec la peur de représenter le géniteur de la dernière chance, d'être utilisé pour ses talents de bricoleur ou sa capacité à traiter un dossier hyper important d'une de ses collègues... Ne parlons pas de celles qui, à l'inverse, s'offrent le soir même, croyant ainsi les retenir. Selon les théories de la psychologie évolutionniste, l'homme reste un chasseur[1] ; lui ôter ce plaisir le déstabilise. L'excitation ressentie à poursuivre celle qui l'émoustille vraiment nourrit

---

1. David Buss, *Les Stratégies de l'amour, op. cit.*

son instinct. Il ne refusera pas qu'une amazone excitée lui saute dessus. Mais après, s'il n'y a plus rien à chasser ?

À force d'analyser les célibataires, on en oublierait presque que l'amour les concerne néanmoins. Au-delà des difficultés générationnelles, beaucoup d'hommes ont aimé. Vraiment, profondément. Puis ils ont été congédiés, l'ont difficilement admis et ne l'ont peut-être pas tout à fait digéré[1]. Car, la première fois, « le cœur des hommes s'ouvre en aimant comme une fleur à l'aurore ». Ces vers de Musset, tirés de *La Nuit d'octobre*, expriment le désenchantement après la trahison. Quelques-uns jurent en conscience « qu'on ne les y reprendra plus ». Les autres étouffent la blessure rouverte par la souffrance sous un tas de généralités. Voient-ils que cette rupture non apaisée les rend cyniques ou prêts à quitter le navire au moindre risque d'attachement ?

Côté hommes, ça se complique

Depuis des décennies, les mâles, classés en typologies avec mode d'emploi à l'appui, font le bonheur des médias. Les catégories d'autrefois ne se résument plus aussi simplement. Le maître nageur ou *beach boy* prépare aujourd'hui un doctorat et l'étudiant à lunettes un peu coincé joue du saxo le soir dans les bars branchés de la ville. Le premier, amant mécanique, ne laisse pas un souvenir impérissable

---

1. Serge Hefez, *Dans le cœur des hommes*, Hachette Littératures, coll. « Essais », 2007.

quand le second, initié au tantra, se connecte d'abord avec son cœur. La fameuse petite voix, celle qui vous tance dans les premiers instants, véritable porte-parole de votre éventuel malaise, se révélera une alliée bien plus puissante que des étiquetages à l'emporte-pièce. Plutôt qu'aux apparences, fiez-vous aux faits, aux actes, aux comportements de l'autre ainsi qu'à votre ressenti ; vous éviterez de bien mauvaises surprises.

Néanmoins, grâce à la compréhension de leurs états d'âme et de leurs besoins, vous éliminerez sans regrets ceux dont les aspirations s'éloignent des vôtres. Ainsi, le ténébreux romantique avec lequel vous avez flirté la semaine dernière ; il a réveillé en vous désir et émotion mais depuis ce moment délicieux dans la voiture, il a disparu : votre âme sœur ne vous aurait certes pas laissée filer, qu'on se le dise !

L'impact du féminisme sur les hommes

Les répercussions du féminisme sur les comportements amoureux ont davantage touché les femmes dans la mesure où elles ont demandé en masse le divorce. Ce raz de marée continue sur sa lancée, voire augmente d'année en année avec toujours le même déséquilibre, bien que les hommes osent davantage prendre l'initiative. **Un tel choc ne se vit pas de la même façon selon le sexe** et la génération. En effet, les hommes nés avant les années 1970 ont essuyé les plâtres. Ils ont plus subi qu'agi, en fonction de l'âge qu'ils avaient à ce moment-là, du nombre d'années passées avec leur compagne et de la fluidité de la séparation. Après une période particulièrement délicate, certains bénéficièrent d'un second départ, mais la plupart peine encore. Les jeunes, avertis, s'unissent plus tard ou se détachent plus tôt. De fait, motivations et maturité ne dépendent pas de l'âge. Plutôt que de les « cerner » par décennies de naissance (comme je l'ai fait pour les femmes), évoquer leur attitude « post-Mai 1968 » vous sera plus profitable.

Les grands fauves du troisième millénaire

Avant de vous jeter dans l'arène, repérez les manipulateurs d'aujourd'hui qui hantent les lieux et les sites de rencontre. Écoutez leurs stratégies, comprenez leurs ressources. Rodés à des techniques influentes parfois issues du développement personnel, leurs mots résonnent avec efficacité à vos oreilles sensibilisées. Leur pouvoir de conviction ne ferait qu'une bouchée de votre naïveté (vous débarquez sur le marché, vous pensez que tout le monde vous ressemble), de votre sincérité (vous en dites trop ou trop vite) et de votre romantisme (vous croyez à l'amour). Ces profils-là existent depuis toujours. Cependant, de récents divorcés, en particulier les quadras et plus, renforcent ponctuellement cette catégorie. À arpenter ces espaces mystérieux, ils découvrent un potentiel érotique fascinant. La plupart, engagés dès la sortie de leurs études, comptaient à leur actif peu de liaisons auparavant, une dizaine au grand maximum. Une fois « débarqués », ils se sont présentés sur le « marché », pleins de bonne volonté et d'attentes constructives. Mais la sensualité des femmes rencontrées, leur disponibilité, leur façon de s'offrir dans un laps de temps court, leur a ouvert de nouvelles perspectives. Ces inquiétants personnages se répandent comme une traînée de poudre. Ne confondez pas la séduction, attitude naturelle et humaine, l'opportunité d'une aventure partagée et assumée, avec cette espèce de donjuanisme revisité, un véritable phénomène de société en plein boom.

Ces prédateurs se décomposent en cinq types, quels que soient leur âge, profession, origine sociale et ethnique. Loin des approches purement sexuelles, ils ne pratiquent pas la technique du « chaud/froid », chère aux *bad boys* formés par Neil Strauss[1]. La chasse et la capitulation leur procurent un plaisir considérable. À cela trois explications sont possibles :

– une mère froide. Elle est présente, certes, mais beaucoup trop centrée sur elle-même pour investir réellement son enfant. Il a beau quémander son attention, elle s'en occupe mais ne lui donne pas le sentiment d'exister à part entière. Devenu adulte, il tend à se venger d'elle en subjuguant et en abandonnant des femmes qui, par ailleurs, ne comprennent pas son comportement ;

– le syndrome du « petit prince ». La mère, envahissante,

—————

1. Neil Strauss, *The Game*, Au diable Vauvert, 2009.

gave d'amour son rejeton chéri. Elle l'entoure, le sollicite, le conseille, le harcèle, le protège et se nourrit de lui pour mieux supporter ses propres manques. Parallèlement, un père absent, voire faible, ne lui permet pas d'intégrer une image d'homme fort qui contrebalancerait les excès de cette mère à la fois déficiente et surprotectrice. Deux obsessions le hantent : se rendre insaisissable pour échapper à tout contrôle et, dans le même temps, se venger d'elle ;

– une puissante image du père. Élevé dans le culte d'un géniteur hors du commun et compétent dans son domaine, il craint de ne jamais être à la hauteur. Dans le meilleur des cas, il réussit dans un registre différent, mais cela suffit rarement.

L'éventuelle combinaison de ces configurations ne les aide pas à s'orienter. Ils doutent d'eux et ne se trouvent aucun talent. Épingler un maximum de victoires à leur tableau de chasse leur permet de se rassurer, au moins sur leur virilité. Suivre la trace de leurs futurs trophées les dope. À travers ces conquêtes, ils règlent des comptes avec leurs parents. Ils se sentent momentanément forts et désirables, donc invincibles et performants. Malheureusement, ce sentiment de plénitude et de toute-puissance ne dure pas. Le doute rôde (pour eux aussi !) encore et toujours. Pour retrouver un semblant de confiance en eux, ils ont besoin d'un autre succès. Dès qu'une jolie femme accroche leur regard, ils se raniment. L'inconnue évoque des contrées exotiques, riches de promesses susceptibles de changer leur vie, du moins le croient-ils. Tels des conquistadors, ils veulent se les approprier et entament le processus d'annexion. La réussite de cette entreprise passe par la dissimulation.

119

Révéler à quel point ils ont besoin de plaire pour se rassurer laisserait entrevoir leur vulnérabilité. S'intéresserait-elle encore à eux s'ils se découvraient ? Ils se vantent parfois de fréquenter des personnalités en vogue ; le bluff appartient à leur répertoire. Ils se vendent habilement, en fonction du tempérament de leur dernière prise. Une fois leur objectif atteint, elle perd son mystère et, forcément, son intérêt. Elle a donné sa part de rêve. Dans la lignée de Christophe Colomb, ils ont découvert l'Amérique et, déjà, ils imaginent les Indes… Le rapport de force s'inverse ; auparavant poursuivie, la voilà demandeuse : elle devient encombrante. Ils se sentent tout à coup dévorés jusqu'à la moelle et enclenchent, pas toujours en douceur, la procédure de fuite. Les plus « sentimentaux » s'évertuent à « rester amis ». Ils préservent ainsi leur fan club et se concoctent une réserve pour les moments difficiles. Séduction, reddition, infidélité, abandon, voilà comment se déroule l'immuable scénario. Vous ne les changerez pas, sachez-le ! Quelle que soit la façon dont vous entrez en contact avec eux, identifiez leur type et apprenez à les décoder.

Le dragueur

Il se lasse rapidement ; il considère les femmes comme interchangeables. Baratineur, habile à la flatterie, ce mercenaire de choc exécute sa mission : faire l'amour en un temps record. Pour obtenir gain de cause, il emploie tous les moyens, du mensonge éhonté à la déstabilisation. Multiplier les rencontres lui permet de goûter l'intimité, sa saveur, sans s'égarer dans une histoire d'amour au long cours.

Jean, 42 ans, passe par le Net. Il maîtrise parfaitement les règles de la messagerie, du chat, et écrit plutôt bien. Il n'a aucun mal à recevoir le coup de fil d'une femme désespérée par sa solitude. Qu'elle accepte de se déplacer chez lui, un inconnu, suffit à garantir le succès de l'opération, nous dit-il.

Il enrobe cette visite du joli papier cadeau de la courtoisie ; il affirme qu'ils dormiront seulement ; elle jure que c'est la première fois... Ils savent néanmoins pourquoi ils se voient. Hésite-t-elle à lui rendre visite qu'il condescend à proposer une soirée. Du restaurant au dernier verre, la ligne droite conduit inéluctablement à son lit. Deux rendez-vous maximum doivent aboutir : passé ce délai, Jean renonce. Il explique :

Pour qu'elle cède, je décline tous les scénarios possibles : le type triste, le distant, le furieux, l'amoureux, etc. Un truc qui marche assez souvent : je la joue blessé. Je dis : « Adieu, je crois que nous ne comprenons pas. » Puis je démarre comme un fou et je m'arrête cent mètres plus loin, j'ouvre la porte et je lui tends la main... Surprise, elle s'en saisit, monte dans la voiture. Je n'ai plus qu'à me garer, à l'embrasser et le reste suit !

Bien sûr, il disparaît juste après.

Le séducteur

Tel Valmont, il choisit sa proie avec discernement, la considère comme un nouveau défi, élabore une stratégie personnalisée, la poursuit et l'entoure jusqu'à sa capitulation. Il se répand rarement sur ses petites amies, passées ou présentes. Au contraire, son art consiste à valoriser sa partenaire, à encourager la confidence. Elle se raconte. Il paraît admiratif. En fait, il l'étudie pour mieux porter l'estocade.

Olivier, 32 ans, sévit lors de soirées entre amis. Il se garde bien de montrer son intérêt sur le moment et demande à la maîtresse de maison les coordonnées de celle qui l'intéresse. Il l'invite à dîner quelques jours plus tard. Étonnée, néanmoins flattée, elle accepte. L'opération « Enchantement » commence alors. Comment fait-il pour la deviner aussi bien, pour la ressentir, lui dire ce qu'elle a envie d'entendre ? Il écoute, il émeut, il parle, elle rit. Il reste lui-même et pourtant, il devient progressivement celui qu'elle attend. Elle s'étonne de leurs points communs, de sa vision du monde, si proche de la sienne. Bientôt, elle est séduite. Olivier décrit son mode opératoire : « À partir du moment où je la sens fondre, je lui téléphone tous les jours. En me manifestant aussi souvent, je l'ancre et je renforce son désir. Puis, confus, je prétexte une surcharge de travail ou un souci de famille pour annuler au dernier moment le rendez-vous programmé depuis une semaine. Quand je finis par la voir, elle se sent tellement frustrée qu'elle me saute presque dessus ! »

Le collectionneur

Parce qu'il n'est pas pressé, il passe pour un homme bien dans sa peau, digne de confiance et serein. Cette apparente indépendance, bourrée de charme au demeurant, dissimule un gourmand plus qu'un gourmet. De fait, il cultive un véritable harem qu'il entretient soigneusement. Il privilégie sa passion du moment, préserve les favorites. Il n'a qu'un problème dans sa vie : gérer sa cour. Docteur ès mensonge, il arrive à convaincre chacune de son exclusivité mais ne peut se démultiplier à l'infini. Qu'elles soient aussi nombreuses à trépigner devant sa porte le rend encore plus inaccessible, donc plus désirable.

Philippe, 43 ans, s'approvisionne en gibier frais par le biais des boîtes de nuit. Dès le lendemain, il téléphone à son « contact » et l'invite à dîner. Arrive le grand jour. Il passe la prendre en bas de chez elle, l'emmène au restaurant et termine la soirée par un dernier verre dans un bar chaleureux. Si l'objet de sa convoitise refuse d'admirer ses estampes belges, il lui propose directement un week-end au bord de la mer. Elle résiste encore ? Il lui fait miroiter des vacances à l'étranger, sans préciser qu'ils dormiront sous la tente. Philippe assume : « Toutes les femmes croient au grand amour. Elles ont la tête pleine de stéréotypes sur la façon dont l'homme doit se comporter. Je préfère les avoir au rêve plutôt qu'au forcing. J'en rajoute au fur et à mesure des difficultés. »

L'allumeur

Badiner le stimule plus que concrétiser. Ancien consommateur, aujourd'hui blasé ou impuissant, il butine de cœur en cœur. Il jouit des feux qu'il éveille, se complaît à en chauffer les braises et se défile toujours au moment où l'incendie se déclare. Il s'entoure de soupirantes, émues par un célibat qui dure un peu trop. Entre deux prétendues réunions professionnelles, il administre sa volière. Ses tourterelles expriment une demande unilatérale sur un répondeur branché en permanence. Un déjeuner de temps à autre, un dîner encore plus rare suffisent à ce que chacune se croit élue et s'accroche pour le faire basculer. Spécialiste du texto et du mail, il distribue ses graines à doses homéopathiques. Lorsque l'une de ses ouailles fait mine de picorer ailleurs, il augmente la ration pour mieux la retenir. Il précise :

> *Je prends mon pied quand je reçois enfin sa lettre d'amour. Elle y décrit toutes mes tares et combien je la fais souffrir. En gros, elle m'aime quand même et m'explique tout ce qu'elle peut m'apporter et que je suis en train de rater.*

L'amoureux de l'amour

Des différents carnassiers, c'est peut-être le moins insincère. Bien qu'il paraisse animé de bonnes intentions, il se ment à lui-même avant de mentir à sa mie. Il a enchaîné une succession d'histoires fortes, les plus longues avec des femmes déjà engagées ou qui habitaient loin. Il s'intéresse davantage à celle qui ne le remarque pas ; il consacre toute son énergie à se faire aimer d'elle. Fin connaisseur du monde féminin, il décrypte avec virtuosité ses aspirations profondes. Une fois la faille repérée, il s'engouffre dans le sillon de son besoin affectif et plonge dans la relation avec frénésie et exigence. Il met la pression, annonce monts et merveilles jusqu'à l'abandon total de celle qui ne voulait pas de lui initialement... Il envisage même le mariage et « un enfant qui nous ressemble ».

Il se réalise à travers la passion qu'il inspire. Plus elle l'aime, plus il existe. Une fois sa belle subjuguée, il la désinvestit plus ou moins lentement, en fonction de sa cruauté et de la qualité de sa délectation. Jamais rassasié, il retombe amoureux dans les deux mois suivants, s'impliquant à chaque fois comme s'il venait de rencontrer la femme de sa vie. Grégoire, 34 ans, avoue :

> À chaque fois, je lui joue d'Artagnan devant les murailles de La Rochelle. Je suis amoureux fou, je ne comprends pas ce qui m'arrive. J'ai toujours une attention pour elle, des fleurs aux missives tendres, en passant par la petite bestiole en peluche qui va la toucher. J'aime son regard ardent, sa façon de se donner au-delà de tout contrôle. Mais, à un moment précis, une fois que j'en ai fait le tour, je me lasse sans rien pouvoir y faire. Honnêtement, c'est épuisant, j'aimerais tellement que ça dure !

Quelques munitions
contre les grands fauves

• Prendre le temps, ne pas brûler les étapes, surtout s'il déclare sa flamme au premier rendez-vous, veut connaître vos enfants au second, insiste pour rencontrer votre mère au troisième et dormir tous les soirs chez vous.
• Vous méfier des hommes peu disponibles mais très présents téléphoniquement. Ne répondez plus dès que vous commencez à devenir accro à l'appel quotidien.
• Ne pas vous laisser faire s'il impose un rythme qui ne vous convient pas sous prétexte de « coup de foudre ».
• Établir l'historique de son passé affectif.
• Couper le lien dès que vous commencez à vous sentir harcelée (avalanche de textos qui exigent une réponse immédiate ou, au contraire, destinés à vous garder « au chaud » faute de rendez-vous).

Et les autres...

Les éclaireurs

Contre toute attente, beaucoup d'hommes décident de suivre des psychothérapies, des analyses, se forment à des outils comme la communication non-violente, la programmation neuro-linguistique, apprennent à décrypter leurs émotions… Ils prolifèrent dans des univers aussi variés que les cafés philo, le bouddhisme, le développement personnel en général, le massage en particulier. Trop intellectuels, loosers ou complexés par leur physique pour se comporter en vulgaires séducteurs, ils emploient en revanche un vocabulaire riche en sensibilité et en émotions grâce auquel leur cour ne désemplit pas.

Les sûrs-de-leurs-certitudes

Ils constituent la majorité. En fonction de leur génération, ils ont déjà cohabité, subi plusieurs ruptures et cependant ne changent aucune de leurs habitudes. Souffrir ou déprimer ne fait pas partie de leur vocabulaire. Demander de l'aide, hormis à leurs copains, et encore, ne leur viendrait pas à l'esprit. Pour eux, les psys sont réservés aux « dépressifs, aux fous et aux femmes »… Loin de se calmer aux anxiolytiques, ils se défoulent au sport ou rejoignent un safari au Kenya. Et cela fonctionne, ils vont déjà mieux. Les plus avancés affirment : « J'ai compris tout seul, j'ai fait le travail moi-même, je sais où j'en suis. » Dans l'absolu, ils n'analysent pas leur passé : ils préfèrent aller de l'avant. Ils se méfient des femmes trop cérébrales ou en thérapie et pratiquent la fuite à la moindre présomption de « prise de tête ». Même s'ils sont restés pendant vingt ans avec la même, ils n'en tirent aucune conclusion. À la rigueur, ils savent ce dont ils ne veulent plus. Ils se différencient des « éclaireurs » qui jargonnent aisément sur leurs erreurs et se dévoilent plus facilement. Les trentenaires séparés, divorcés ou pères se positionnent du côté des clans ci-dessus. Les célibataires surfent entre post-adolescence et la catégorie ci-dessous.

Les moins de 30 ans

Ainsi, parmi les moins de 30 ans officiellement célibataires, deux comportements dominants se distinguent : les *surfers* sexuels pratiquent le harem avec, accessoirement, une favorite. Ils hantent les boîtes de nuit, les *afterwork*, les bars et, naturellement, pullulent sur les sites de rencontres.

Les romantiques en quête de l'âme sœur officient dans les mêmes lieux avec une prédilection pour les blogs, les cercles amicaux, les activités associatives. Entre ces extrêmes, la trame habituelle des « amoureux transis éconduits » voisine avec les « largués récemment sur le chemin du deuil », ainsi que les hésitants, les phobiques…

Curieusement, il existe dans cette tranche d'âge un mouvement en voie de progression : les hommes avides de conseils en séduction. Ils éprouvent des difficultés à aborder les filles. Des officines spécialisées[1] se sont développées aux États-Unis depuis la fin du XXe siècle, en France depuis le milieu des années 1990 après une première à Milan, en 1992. Si selon les professeurs, quelques élèves atteignent parfois la cinquantaine, les vidéos de leurs cours montrent une moyenne d'âge autour de 25 ans. Ces « serial nickers » racontent leurs exploits sur la toile et sévissent tous azimuts.

---

1. Neil Strauss, *op. cit.*

Les frontières qui permettaient de savoir à quelle catégorie on avait affaire tendent à disparaître. Il s'agit pour tout futur « crooner » aguerri « d'être attrayant, d'avoir un look acceptable socialement, un corps tonique, un style qui vous fait paraître riche, un bon parfum, une ceinture, des souliers ou bottes, une coupe de cheveux à la mode, etc., tous ces petits détails qui forment un tout lorsque vous vous présentez à elle[1] ».

Cependant, les enseignants vont bien plus loin que la présentation. Par exemple, ils recommandent de se comporter en *bad boy*, une valeur sûre, d'alterner la technique du chaud/froid, un mélange de compliment décalé et de déstabilisation. Parallèlement, face à la peur du rejet, ils réconfortent leurs ouailles. « En réalité, je peux vous l'assurer par une longue expérience, aucun rejet n'a jamais tué personne. Il est vrai qu'un rejet ne fait pas plaisir, mais si on relativise, cela n'est pas si terrible. Il y a mille et une raisons qui feront qu'une fille vous rejettera et la plupart n'ont aucun rapport avec vous, donc, ne le prenez pas mal. En cas de rejet, une seule chose à faire : passer à la suivante[2] ! » Ne dirait-on pas des paroles d'un père initiateur et bienveillant ?

Faisons l'hypothèse suivante : élevés souvent par des mères, sinon féministes, tout du moins isolées, ces jeunes gens qui, pour la majorité, démarrent leur vie amoureuse ne se sont pas forcément identifiés à une figure masculine. Ils paniquent peut-être à l'idée du passage à l'acte. Des « experts » leur enseignent des stratagèmes. Ils rappellent,

---

1. www.voiedegun.com
2. Neil Strauss, *op. cit.*

sous une forme virilisée, les recettes des revues féminines. La progression pédagogique fait partie du programme, avec la pratique d'exercices sur le terrain. Les plus célèbres maîtres en la matière, l'Américain Neil Strauss[1] et le Français Alain Soral[2] auraient compris dans quelle errance le dragueur effréné risquait de sombrer. Lassés de la chasse, ils seraient finalement tombés amoureux, comme la majorité des hommes. Depuis, « repentis », ils vivraient en couple.

Il y a aussi des hommes perdus

Loin de la drague de rue, une autre vague naissait, toutes tranches d'âges confondues : les groupes de parole d'hommes. Constitués en Amérique du Nord à la fin du siècle dernier, ils posent une question essentielle : comment redéfinir la masculinité alors que les repères traditionnels ont vacillé ?

Le ManKind Project™

Aux États-Unis, le ManKind Project™[3], né il y a vingt-cinq ans, propose des stages et compte désormais trente mille membres des deux côtés de l'Atlantique. The

---

1. *Idem.*
2. *Sociologie du dragueur*, Éditions Blanche, 2004.
3. http://mkpef.mkp.org/index.php?l=_aventure.htm

ManKind Project Europe Francophone regroupe des centaines d'hommes issus de la communauté francophone (Benelux, France et Suisse) qui ont participé à l'« Aventure Initiatique des Nouveaux Guerriers […] un voyage, à travers lequel chaque homme se trouve confronté à son besoin de devenir un être à part entière et à son manque de confiance en lui même[1] ». L'un des objectifs consiste à « initier les hommes à une masculinité plus mature, pour qu'ils conduisent leur vie avec intégrité, vers une meilleure connexion avec leurs sentiments, et une responsabilité renouvelée quant à leur but, leur mission dans la vie ». À travers les week-ends *training adventure* et la continuité dans les groupes d'intégration, les hommes doivent porter un regard en forme de challenge sur eux-mêmes, sur qui ils sont, comment ils font des choix et les vivent.

Les réseaux et les groupes pour hommes

En 1992, naissait au Canada le premier réseau francophone pour hommes, « Réseau hommes Québec ». Le mouvement féministe a bouleversé là-bas plus qu'ailleurs, et à l'extrême, les codes entre hommes et femmes, comme l'explique le livre de Jean-Sébastien Marsan, *Les Québécois ne veulent plus draguer et encore moins séduire*[2]. Aujourd'hui parfaitement émancipées, les féministes québécoises ne procréent plus ou presque depuis la révolution tranquille des

---

1. http://mkpef.mkp.org/
2. Éditions de l'Homme, 2009, p. 66.

années 1970. L'homme ne drague pas la femme, c'est la femme qui drague l'homme. Au restaurant, chacun paie son addition, au centime près. En couple, chacun paie sa part de loyer, même si l'un gagne trois fois plus que l'autre. En cas de séparation, le partage des tâches s'impose, chacun fait ses comptes, personne ne doit perdre au change. À trop vouloir l'égalité des sexes, en plus de l'influence anglo-saxonne, les rapports hommes-femmes, déconcertants vus de l'extérieur, ne favorisent pas toujours la femme. Qui sait si elle ne rêve pas en silence d'un vrai gentleman, un homme fort et protecteur, qui lui offre des bouquets de roses ? En Europe, avec des enjeux moindres, le mouvement comprend quelques personnalités comme Patrick Guillot[1] et le psychiatre Alexis Burger[2], qui emmène des groupes dans le désert sur le chemin de leur masculinité.

De plus en plus d'hommes s'interrogent et cherchent du sens. Le discours des nouveaux coachs ensorcelle les adeptes du travail sur soi. Toutefois, ils en maîtrisent si bien les concepts qu'il leur arrive parfois de se mentir, donc d'instrumentaliser leur interlocutrice, bien malgré eux.

Christophe, la quarantaine virile et assurée, exerce la fonction de coach-thérapeute. Formé à de nombreux outils, il anime un groupe de parole pour les hommes ; ils se réunissent trois fois par mois : « J'ai rejoint ce mouvement lorsque ma femme m'a quitté, du jour au lendemain, avec nos quatre enfants. Je lui ai fait cadeau de la maison, qu'elle a revendue aussitôt pour

---

1. Patrick Guillot, *La Cause des hommes*, Option Santé, 2004.
2. Alexis Burger, www.lesouffledudesert.com

déménager à l'autre bout de la France avec son amant, qu'elle prétendait avoir rencontré sur place. Je me suis acquitté d'une pension conséquente. J'étais désespéré, je déprimais. Grâce au soutien des hommes, j'ai pu faire face. Mais depuis, malgré toutes les thérapies et autres stages, je reste méfiant à l'égard des femmes. Je suis encore incapable de m'engager. Quand j'en rencontre une à mon goût, je ne promets rien. Je l'admets, mon physique, mon apparente assurance, ma fonction de coach l'incitent à imaginer que je suis un mec parfait, qui a tout compris... Et, malgré mes réticences affirmées, elle pense probablement qu'avec Elle, ce sera différent. Si elles savaient!»

À l'extrême, le masculinisme

Impossible de citer les comportements émergents sans évoquer le masculinisme. Très controversée par les féministes, cette tendance, véritable idéologie sociale, promeut les droits des hommes. François Brooks en parle : « (...) Je ne me définis donc pas comme un (vilain) masculiniste qui s'oppose au féminisme, mais, tout comme il leur est légitime de réfléchir à leur condition féminine sous l'appellation de *féministe*, qu'il me soit loisible de réfléchir sur ma propre condition avec d'autres hommes sur la philosophie *masculiste*[1]. » De façon plus générique, le masculinisme désigne l'ensemble des théories et mouvements luttant contre le sexisme, lorsque celui-ci s'exerce au détriment des hommes. Un auteur engagé et anonyme s'exprime : «Aujourd'hui, le

---

1. http://masculinisme.blog-city.com

féminisme, pris par son élan, revendique des privilèges pour les femmes en s'appuyant sur des études plus ou moins bidons produites par des think tanks sexistes. D'autre part, la *pétasse* postféministe, égocentrique, capricieuse, désinvolte, tout en étant convaincue d'être une victime perpétuelle d'un machisme inexistant, a fait son apparition, pour le malheur des hommes qui l'approchent (et le sien aussi d'ailleurs) [1]. »

Même excessifs, ces commentaires méritent d'apporter un éclairage non anodin, souvent issu de la réalité. Au fond, que les hommes apprennent à draguer en série ou qu'ils s'échappent des week-ends entiers pour se reconnecter à leur masculin, dans les deux cas ils cherchent à trouver des repères pour s'adapter aux changements ambiants.

Les femmes seraient-elles les grandes perdantes de Mai 68 ?

Si la révolution sexuelle a ouvert la boîte de Pandore des états d'âme féminins, elle a aussi fait sauter le couvercle des interdits masculins. Autrefois, les rejetons qui ne descendaient pas de l'aristocratie et de la grande bourgeoisie étaient sommés de travailler, de fonder une famille et de l'entretenir. En dehors des maisons closes, les règles sociales et cinquante heures de travail par semaine ne favorisaient pas le marivau-

---

1. *Id.*

dage. Aujourd'hui, les frustrations accumulées au cours du parcours affectif des hommes de plus de 40 ans se conjuguent avec la liberté procurée par les nouvelles technologies et l'injonction de consommation. Ils donnent libre cours à leurs pulsions et folâtrent en toute tranquillité. Ces Lovelace[1] de passage cohabitent donc avec les grands fauves du nouveau millénaire. Cependant, sous couvert de liberté sexuelle et d'égalité dans le rapport au plaisir, les femmes, curieusement, acceptent des comportements machistes. Nonchalance et irrespect s'institutionnalisent à leur égard. Les frontières entre libertinage et amour s'estompent. Ce flou savamment entretenu par les deux parties profite certes aux hommes et aux sites de rencontres sans scrupules mais, et c'est bien là le plus dérangeant, s'enracine avec la bénédiction des femmes elles-mêmes. Non seulement elles se bradent au premier *bad boy* venu, mais elles méprisent (à leur tour) les gentils. Ces derniers récitent encore la leçon de leur mère : « Ne sois pas un salaud comme ton père ! » Bons élèves, ils ont développé leur féminin, et voilà que leurs consœurs les jugent « braves, soumis, ennuyeux » : bref, ils ne les font pas vibrer ! Contre toute attente, les mêmes qui critiquaient la domination du mâle se plaignent maintenant de son manque de puissance. Bafouées par les *bad boys* qui les excitent, elles se moquent des autres, les bovins qui les

---

1. Héros du roman *Clarisse Harlowe* écrit en 1748 par Samuel Richardson, Lovelace reprend les traits classiques du libertin, du Casanova, ne voyant dans la femme que le prétexte à exercer ses ruses et sa perfidie. Son nom même est à l'image de sa duplicité : *love* veut dire « amour » et *lace* signifie « piège ».

endorment. En définitive, leurs attitudes irrationnelles et ambivalentes contribuent à mettre en place un système différent, mais tout aussi violent que le précédent.

Le retour des machos

Cyniques, en majorité jeunes, croisement d'une éducation et d'une révolution sexuelle, ils émergent depuis une dizaine d'années et suivent une courbe ascendante. Ils apparaissent comme de vrais « mecs » face aux hommes féminisés. Les machos, autrefois ringards, vilipendés par le mouvement féministe et la société, avaient été, d'après Jean-Claude Kaufmann[1], « contraints de travailler des techniques de dissimulation et d'apprendre le langage des "moments câlins" propres au sexe loisir pour camoufler des désirs plus frustres ». Soudain, nos chasseresses « leur déroulent un tapis rouge et le *bad boy* devient tendance ». Ces derniers ont basculé dans « une sorte d'engrenage infernal où la libération des désirs déclenche, en fait, une sauvagerie en chaîne ». Cet épiphénomène concerne, semble-t-il, un groupuscule âgé de moins de 30 ans, très actif dans la rue (les coachs en séduction et leurs disciples) et sur la toile (*chat*, MSN, blogs). Ils brassent beaucoup d'énergie, mais leur approche et leur propos concernent essentiellement les partisanes du *one shot* ou celles qui sont en phase d'exploration sensuelle. Bien que les médias tentent d'ériger ce courant en nouvelle vague, à l'instar des couguars, la réalité du terrain montre que la majeure partie des femmes

---

1. Sex@amour, Armand Colin, 2010.

se préoccupe davantage de trouver l'amour et un partenaire en harmonie.

Les *bad boys* ont plus que jamais la cote

Le *bad boy*, toutes générations confondues, est généralement plutôt mignon ou avec « une gueule ». Il officie aussi sur les lieux et les sites de rencontres. Il soigne son image jusque dans son pseudo, par exemple : PaulSmith75. Il a acquis un certain savoir-faire. Il s'exprime bien, joue de sa voix, grave et profonde. Il est léger, drôle, sûr de lui, joueur, taquin, spontané, fort et fragile à la fois. Parfois, il est bourru, avec un visage marqué de boxeur, peu importe. Peintre en bâtiment, financier, instit écolo ou artiste, qu'il circule en coupé sport ou à bicyclette, son charisme transcende les codes sociaux ; il vous désarme. À côté, les autres paraissent fades. Il stimule, d'autant qu'il ne calcule pas ; il est sincère sur l'instant. Il s'est marié, il a eu des enfants, il a aimé, il est humain, ce qui le rend terriblement attachant ! Il ne ressemble pas au dragueur dans la mesure où lui tombe réellement amoureux. De surcroît, le dragueur rentabilise son investissement, or vous vous offrez gratuitement au *bad boy* ; les deux ne jouent pas dans la même cour face au désir des femmes.

Il vous obsède, vous rend folle. Vous en parlez à longueur de copines, de voyantes et d'horoscope. Il vous a plu au premier regard, quelque chose s'est passé pour vous. Il a ce style, ce supplément d'âme qui vous magnétise. Pourtant, vous avez su intuitivement que vous devrez fuir : n'avez-vous pas vu briller en lettres fluorescentes sur son front l'inscription « Attention souffrance à l'horizon » ?

Il vous plaît, donc il plaît aux autres. Cela provoque en vous agacement et stimulation. Dans *Pourquoi les femmes des riches sont belles*[1], Philippe Gouillou explique son succès à partir de la psychologie évolutionniste. D'abord, le fait d'apparaître entouré et sollicité signifie qu'il possède et transmet de bons gènes susceptibles de générer des enfants forts et malins. Il arrive assez fréquemment que des femmes tombent enceintes de *bad boys* (bons gènes garantis), quitte à les faire élever par les gentils maris (sécurité garantie). Ensuite, selon des études récentes[2], la zone du stress stimulerait la zone de l'affect chez les femmes. Ainsi être sur la sellette, attendre, désespérée, des nouvelles de son *bad boy*, renforcerait l'état amoureux.

Enfin, la loi de l'imitation montre que les femmes sélectionneraient massivement les mâles plébiscités par leurs consœurs. Cela rejoindrait la rivalité mimétique, entrevue lors de l'étape 1 : vous convoitez davantage l'homme qui plaît que celui dont personne ne veut. Dans cette logique, notre *bad boy* obtiendra encore plus de résultats en charmant, stratégiquement, l'une de vos amies. Tour à tour chef de meute, romantique tourmenté, papa concerné, il exhale un parfum sulfureux et d'interdit qui, additionné à sa lascivité, vous transcende : pourquoi les femmes le veulent-elles toutes ? Mais pour répondre à cette question, posons-en une

---

1. Éditions de Boeck, 2010.
2. www.evopsy.com

autre : le *bad boy* ne porterait-il pas en lui une importante colère ?

Renaud charme Agathe par ses mots. Il parle de ses colères, raison pour laquelle son ex l'aurait quitté. Puis, il évoque la série de calamités morbides qui se sont abattues sur ses grands-parents, à la suite d'une injustice. La pauvreté s'ensuit à la génération de ses parents. Cet enfant de la République suit un parcours universitaire honorable, devient écrivain et se spécialise dans les romans-enquêtes qui rétablissent la vérité. Cinq ans plus tard, épuisée par ses crises et ses infidélités, Agathe part avec son petit Tom sous le bras. Quant à Renaud, il décide, à presque 50 ans, de reprendre des études pour devenir avocat. Quelle injustice répare-t-il inconsciemment et contre qui sa colère est-elle dirigée ?

Avec Romain, 35 ans, vous allez pleurer dans les chaumières. Père disparu après sa naissance, mère dépressive, il est élevé par des grands-parents qui se font passer pour ses parents et lui font croire que sa mère est sa sœur. Il accepte de regarder la vérité à 30 ans. Allure naturellement aristocratique, regard qui transperce et cloue sur place, il doit repousser la flamme qu'il suscite. Si elles s'avisent de parler de famille, de projets, si elles s'intéressent à son histoire (c'est normal, non ?) la rougeur qui envahit le haut de ses pommettes ne trompe que lui-même.

L'un a été marié brièvement, le temps de faire un enfant un peu par hasard, l'autre est célibataire. Non seulement ils éprouvent des difficultés dans leurs relations amoureuses mais, surtout, leur colère les possède : l'un l'exprime, l'autre la refoule. Ils n'ont pas fini de régler leurs comptes avec la famille, les frères et sœurs et, plus généralement, leur origine ethnique, la société… La colère du *bad boy*, plus ou moins exprimée, plus ou moins canalisée, prendrait donc autant de tournures qu'il existe d'individus concernés. À l'extrême, cela éclairerait, peut-être, le charisme des assassins notoires. Ceux-ci parviennent à se marier, à devenir père sans quitter la prison. Qu'est-ce qui fascine tant les mignonnes qui leur écrivent, voire orchestrent leur éventuelle évasion ? La colère du *bad boy*, cousine de la violence, est un signe d'énergie, ce qui le rend encore plus viril. Il obéit à son instinct : tout concourt à la prévalence de son animalité, à la puissance de son bas-ventre. Là réside probablement une partie de son secret. Habité par cette force, il irradie singulièrement dans la vitalité, contrairement aux prédateurs, inspirés par une rage sans doute plus mortifère.

Les femmes carburent à l'émotion, c'est écrit dans les livres de psychologie et les magazines féminins. Dépendantes de l'intensité, elles recherchent théoriquement un homme de cœur pour une relation douce, moins spectaculaire (comprendre « moins intéressante »). Or, dans les faits, celles qui s'immolent sur l'autel de son désir s'avèrent fort excitées. Proche de son sexe, il est loin de son cœur… donc tout sauf ennuyeux. Il réveille vos ardeurs, il vous rappelle à quel point vous êtes vivante[1]. La fascination qu'il exerce sur vous va de pair avec sa distance : vous vous damnez pour lui mais il vous laissera sur le carreau à gémir près de votre téléphone. Vous ne transformerez pas ce tigre rebelle en matou casanier. Soit il

---

1. Dans le film *L'Arnacœur*, le héros articule sa séduction sur le fait d'être vivant : « Tu m'as réveillé (Juliette) ! Ça faisait longtemps que je ne m'étais pas senti aussi vivant ! »

ronronne, et vous le jugez soporifique, soit il griffe et vous souffrez. Mais ne vous trompez pas : sa jalousie, sa possessivité et le fait qu'il vous désire ne signifient pas qu'il vous aime.

« Avec moi, ce sera différent… »

Votre amour va le transformer. Il s'apaisera à votre contact, stoppera sa quête éperdue et se consacrera à vous. Qui pensez-vous convaincre ? Le problème, c'est que vous êtes déjà cuite. Le fantasme « Avec moi se sera différent » est irréaliste ! Cette certitude typiquement féminine causera votre perte !
Si cet homme impossible vous aimait comme vous l'entendez, votre vie changerait. Or, justement, vous vous attachez au seul qui n'est pas apprivoisable… Il vous trompe ? Il vous quitte et revient ? À moins que ce ne soit vous ? C'est de votre faute ! Si vous étiez plus jeune, plus grande, plus mince, plus typée, plus sexy, plus intelligente, plus drôle, plus gentille, plus médiatisée, plus spirituelle, bref si vous étiez parfaite (comprendre « aussi parfaite que l'auraient souhaité vos parents »), ils seraient tous fous de vous et lui, forcément plus que les autres. Dans tous les cas, pour ne pas ramper sur la grève de l'attente, vous détruire à petits feux dans les vagues de l'angoisse, préservez-vous. Ne pas entrer dans une histoire coûte mille fois moins cher que d'en sortir meurtrie. Une intrigue qui démarre mal ne s'arrange jamais ; fluidité, confiance et cohérence[1] doivent nimber la relation : des violons mal accordés ne produisent jamais un joli son.

1. Thierry Janssen, *Le Travail d'une vie*, Marabout, 2008.

L'engagement, le nouveau pouvoir des hommes

De nos jours, chacun souhaite un partenaire « à la hauteur » de ses ambitions. Les unes arborent leurs qualités (féminité, culture, métier intéressant, esthétique, milieu) ; elles méritent le fameux « Mister Right » en vogue outre-Atlantique. « Ne le valent-elles pas », leur a-t-on expliqué à longueur de publicité ? Le futur compagnon doit assurer. Les recalés, brochettes vivantes de tares et d'imperfections, obtiennent rarement une seconde chance. Paradoxalement, pour ne pas déprimer, eux aussi ont dû apprendre à (re)connaître leurs valeurs dans un monde où les règles du jeu ont changé. Le « jeune étalon » convoité, s'il présente bien et a suivi quelques études, devient le « reproducteur décisionnaire » entre 30 et 45 ans. Avec la maturité, il glisse dans la catégorie des « quinquas sexy » soit par l'étoffe de son portefeuille, soit par son flegme, chèrement acquis. Il aspirera alors à l'ensemble du spectre féminin (25-70 ans). Les « prétentions » des femmes, parfois excessives, susciteraient une rébellion sournoise du côté des mâles. Les privilèges octroyés et obtenus ne passent pas toujours et pour tous. Quatre-vingts pour cent des femmes initieraient les procédures de divorce. Non seulement ils ne s'attendaient pas à cette rupture brutale, mais ils n'ont pas encore compris ce qu'elles leur reprochaient. Certains se vengeraient des « mauvais traitements » infligés par leurs ex-épouses.

Contre toute attente, la difficulté à s'engager, que l'on aurait cru réservée aux trentenaires, concerne toutes les tranches d'âge. Derrière des propos psychologiquement et spirituellement corrects se dissimule souvent une bête traquée, à la blessure béante, qui ne laissera pas de sitôt approcher l'étrangère. Les hommes « officiellement » libres détiennent d'autant plus le pouvoir de s'engager que la proportion de femmes désireuses de s'impliquer et de construire domine largement. La guerre des sexes n'a pas cessé ; elle a simplement changé de forme et a muté en guérilla. Plus elles exigent, moins ils s'engagent. Moins ils s'engagent, plus elles les méprisent ; elles justifient ainsi leur détestation à l'égard de l'autre sexe. Face à cette agressivité larvée, ils se terrent ou se distancient. Curieuse époque où des hommes divorcés, refroidis, surtout à partir de 35 ans, évitent consciemment ou pas toute implication pour ne pas vivre à nouveau des déchirements affectifs avec de forts enjeux financiers. Ils ne veulent pas payer davantage et encore moins repasser par un jugement. Dans ces conditions, ils ne courent ni après le mariage, ni après la cohabitation. Malgré tout, ils ne refusent pas de s'engager. Mais ce mot signifie-t-il la même chose pour eux que pour vous, mesdames ?

Pour elles, l'amour « engagé », sous-tendu par un projet commun à long terme, pourrait se définir ainsi : exclusivité, qualité de présence, attention à l'autre, partage de week-ends, de soirées, de vacances, de fêtes importantes… Ce « modèle » ne nécessite pas forcément la cohabitation. Or le terme prend des sens différents selon l'âge : enfant, famille, éducation restent la priorité des plus jeunes tandis que les générations précédentes privilégient une relation profonde allégée des pesanteurs familiales. À écouter ces dernières, trois critères reviennent :

– la pression sociale d'abord : l'image du couple auprès de la famille, des amis, du milieu professionnel, les conduisent à vouloir (dans le sens de « posséder ») un partenaire rapidement ;

– la peur de la solitude ensuite, la peur de vieillir dans la déréliction ;

– pour les plus démunies, l'habitude de compter financièrement sur un homme pour compenser un bas salaire ou une petite retraite.

La danse des sept voiles destinée à attirer le mâle concupiscent a pour objectif d'obtenir le mariage. Après, de nombreuses femmes rangent leurs froufrous, leur panoplie de panthère et offrent leur corps au compte-goutte. Beaucoup d'hommes, qui ne sont plus dupes, connaissent la chanson et refusent de se laisser emprisonner à nouveau.

À 30 ans comme à 60 ans, l'engagement reste définitivement le seul pouvoir des hommes face à la déferlante féministe et aux exigences paradoxales, parfois démesurées, du sexe dit faible. Si les hommes mesurent l'engagement à l'aune des critères ci-dessus, retrait et démission prennent tout leur sens. Si en revanche, la relation présente les caractéristiques de l'amour engagé, pourquoi vouloir les pousser dans leurs retranchements et exiger le quotidien, voire le pacs ? Parmi ceux qui sont passés devant monsieur le maire, combien trompent leur épouse ou surfent la nuit sur Internet quand d'autres, revenus de la vie commune, font d'excellents compagnons ? Au-delà de cette réalité, inhérente au nouveau système qui s'est mis en place, n'oubliez pas que les indécidables ont toujours fait partie du PAF. À l'image des *Envahisseurs*[1], ils sont partout et se glissent dans

---

1. Série télévisée américaine diffusée à la fin des années 1960.

la peau d'hommes en apparence bien sous tous rapports. Les identifier ne va pas de soi, d'autant plus qu'ils n'ont pas le petit doigt tordu des personnages de la série qui les stigmatiserait. Le temps de les connaître, de les apprivoiser et de comprendre ce qui se trame, vous aurez déjà passé quelques belles années de votre existence avec un homme qui, derrière ses beaux discours, n'a jamais imaginé l'once d'un instant partager la sienne avec vous. Il ne vous a pas laissé le choix et s'est bien gardé de vous mettre sur la piste tant votre dévotion à le faire changer d'avis lui convenait. Mais, une fois de plus, vous avez sans doute occulté les signes avant-coureurs (voir étape 5).

Branche éloignée des séducteurs, les indécidables possèdent pourtant une devise bien spécifique : « Conserver une relation de qualité le plus longtemps possible sans s'engager réellement ni cohabiter. » Don Juans parfois, sincères souvent, la frontière entre les deux branches familiales se révèle parfois ténue. Disons pour simplifier que l'éventuelle infidélité des indécidables (elle n'a rien de systématique) repose moins sur un besoin existentiel que sur une peur de la relation. Cette fuite inconsciente leur permet de ne pas assumer leurs responsabilités. Normalement, vous devriez assurer les vôtres lors de cette première alerte et renoncer, quoi qu'il vous en coûte, à une interaction qui ne correspond pas à votre éthique. Il ne s'agit pas de mettre des étiquettes sur leurs hésitations, mais au contraire de synthétiser les informations recueillies au fil du temps, de façon à ne pas lutter contre des moulins à vent.

Leur peur des femmes, info ou intox ?

Fondamentalement, les femmes ne leur font pas peur : elles les attirent ou les repoussent. Invoquer la peur permettrait déjà de vérifier si cette compagne potentielle se montrera tendre, sensuelle et affectueuse. Par la suite, il s'agira surtout de prévenir d'éventuelles violences psychologiques qui surviendraient dans le cadre d'une relation installée : l'impression d'être tombé dans un piège, d'être prisonnier, les reproches, le manque de sensibilité…

Les femmes, elles, prétextent la peur qu'elles susciteraient pour justifier leur désert affectif. Elles préfèrent se raconter des histoires et dévaloriser les hommes plutôt que de s'interroger sur ce qu'elles laissent entrevoir de leur univers. Derrière cette esquive, vous trouverez aussi sans doute une peur de s'engager, de souffrir (voir étape 2) mais aussi une position ambivalente. En effet, celles qui ont destitué les hommes de leur fonction machiste ne comprennent pas pourquoi ces derniers éprouvent tant de difficultés à se positionner aujourd'hui. Elles voudraient un homme, un vrai, issu du siècle dernier, mâtiné d'un esclave qui mangerait dans leur main…

Souvent, lors des premiers échanges, un homme vous interroge : « Tu ne ferais pas peur aux hommes, toi ? » Le ton nonchalant, l'intention, préoccupée, témoignent de ses doutes : en réalité, il parle de lui. Pour des raisons définitivement inconnues (son ex, sa mère, son estime de soi, l'âge du capitaine), votre attitude, votre non-dit, vos propos réveillent en lui des sensations non identifiées qui pourraient s'apparenter à une peur. Effectuer une pirouette et évacuer ce point consisterait à se voiler la face, de part et d'autre. Plutôt que de rationaliser ou de vous défendre, je vous invite à mener l'enquête, en douceur : « Pourquoi me demandes-tu cela ? Aurais-tu peur de moi ? Si oui, qu'est-ce qui te fait peur ? » S'il accepte la confrontation et pose des mots sur son ressenti sans que vous l'influenciez (à éviter absolument, les questions comme : « Tu as été traumatisé par des femmes ? Tu sors d'une histoire difficile ? Ton ex t'a mené la vie dure ? C'était compliqué avec ta mère ? »), approfondir la réflexion ouvrira chez lui un espace pour vous accueillir, vous et ses doutes. Parions que la suite de la soirée se présentera sous des auspices plus détendus.

Malheureusement, la plupart du temps, il a peur de vous précisément à ce moment-là. À travers cette question, il vous offre sa réalité de l'instant, articulée sur des projections anciennes qui ne vous concernent pas ; elles font pourtant partie de ses croyances au même titre que votre propre méfiance à son égard.

Comment réagir face à un homme qui parle de ses peurs ?

Prenez chaque information au premier degré. S'il les connaît et les exprime, il vous explique son mode d'emploi et la façon dont il va vous traiter.

Michael, 45 ans, célibataire, n'a jamais vécu avec une femme. Sa relation la plus longue a duré trois ans parce qu'elle vivait outre-Atlantique : « Je sais que j'ai peur de m'engager et, en même temps, avec mon psy, je travaille sur mes réticences. Aujourd'hui, je prends le temps, j'ai eu trop d'aventures qui ont duré quelques semaines, au mieux trois mois, et j'ai fait souffrir mes partenaires. Je suis désormais conscient de mon ambivalence. » À ces mots, le visage de Michael s'empreint d'une étrange compassion rétroactive pour ces femmes d'hier et ses grands yeux bleus s'écarquillent avec tant d'innocence que la plupart d'entre vous succomberaient. Pourtant, qualifier son angoisse ne la résout pas pour autant : « J'ai pris conscience que son vélo était crevé, ça ne l'a pas regonflé », disaient nos grands-mères. Un homme qui affirme : « J'ai beaucoup travaillé sur moi, je me suis perdu dans la diversité amoureuse, mais aujourd'hui je suis prêt » serait davantage crédible en expliquant simplement : « J'ai envie de m'engager, de construire une histoire et de vivre l'amour ». À partir du moment où il évoque son passé houleux, ses dettes ou son ex perverse, cela signifie juste que ce qu'il décrit au passé l'anime encore. Dans cette logique, celui qui clame : « Je n'ai pas envie de m'engager » signifie : « Pas avec toi en tout cas » !

Pour conclure, la peur des hommes peut relever de leur histoire personnelle. Ils n'ont pas effectué le deuil de la précédente, réglé leurs comptes avec leur mère, leur père, leur frère aîné, leur éducatrice de substitut, avec toutes les variantes que cela suppose. Ou bien – et cela mérite réflexion – vous ne leur avez pas inspiré assez de confiance pour qu'ils s'ouvrent et se laissent toucher droit au cœur.

Au fond, que veulent les hommes ?

Une étude personnelle auprès de milliers d'hommes permet de préciser leur définition de la confiance. Ils souhaitent avant tout se sentir bien avec leur partenaire, être reconnus, accueillis tels qu'ils sont, sans porter de masque, sans jouer un rôle pour la séduire ou se conformer à ce qu'elle attend. Leurs besoins ? De la patience, de l'empathie, pas de jugements, de chantage, de reproches, ni de demandes de comptes sur des contentieux préhistoriques. Laissons la parole à Olivier, 40 ans :

> *Elles ne nous trouvent jamais assez bien et ne désirent que ceux qui sont au-dessus de leurs moyens. Je préférerais entendre : « Je veux aimer et être aimée » plutôt que : « Je cherche un homme que je puisse admirer ».*

Regardez-vous dans la glace et répondez honnêtement à cette question : « Leur offrez-vous réellement un espace d'accueil digne de ce nom ? »

En résumé

Le prince charmant existe, mais pas sous la forme attendue. Que vous l'appeliez « homme de ma vie », « homme idéal » ou « âme sœur », vous parlez en réalité de celui qui vous convient, avec lequel vous partagez de la fluidité. S'il ne correspond pas forcément au portrait-robot que vous avez en tête, il ne ressemble pas non plus à celui que vous souhaiteriez à votre pire ennemie. Vous pouvez tout à fait vivre l'amour avec un être sexy à vos yeux. Il s'agit d'abord de traverser un certain nombre d'obstacles qui, contre toute attente, se situent à l'intérieur de vous et non sur un chemin extérieur semé d'embûches. Dans un second temps, il vous faudra vous ajuster à la réalité des relations entre les hommes et les femmes aujourd'hui.

Enfin – et c'est le plus important –, sachez ce que vous voulez !

Étape 4

Je définis mon projet
et je me donne les moyens de le réaliser

État des lieux : où en êtes-vous ?

• Vous avez moins de 30 ans. Ancienne adepte des « klee-nex boys », vous avez profité de votre célibat, chassé sans hésitation, tandis que vous investissiez votre carrière et consommiez en fonction de vos moyens financiers : sorties, vacances, expositions, restaurants, vêtements, club de sport. Vous possédez un carnet d'adresses bien rempli, mais pas d'attaches affectives.

• Vous sortez d'une longue période de cohabitation avec un ou plusieurs partenaires successifs. Ces derniers temps, vous vous êtes étourdie en folles nuits. Célibataire, avec ou sans projet d'enfants, vous souhaitez désormais vous engager.

• Vous « Le » cherchiez depuis une décennie. À force d'entendre « qu'on ne peut pas tout avoir », vous avez jusqu'alors pratiqué le compromis, avec l'impression de vous contenter d'une cote mal taillée. Vous venez de comprendre, grâce aux deux premières étapes, que

153

chercher n'est pas trouver. Mais vous êtes maintenant gonflée à bloc.

• Vous avez été trahie et avez souffert. Prudente, vous avanciez une loupe dans la main gauche pour ne rien laisser passer, un fouet dans la main droite pour mater tout partenaire récalcitrant. Heureusement, vous avez compris ce qui bloquait…

• Votre ex-conjoint vous a laissé maison, voiture, prestation compensatoire, etc. Malheureusement, vous croisez des hommes fauchés, souvent déprimés ou impuissants, qui aimeraient s'installer chez vous. Et quand ceux de votre niveau socioculturel ne s'intéressent pas aux minettes, ils en veulent à la terre entière !

• Vous avez entre 30 et 45 ans et tannée par votre horloge biologique, vous vous axez uniquement sur l'homme avec lequel fonder une famille.

• Vous venez de perdre trente kilos, vous êtes sobre depuis plus d'un an, vous avez subi une opération de chirurgie esthétique importante qui, vous le pensez, vous aidera à prendre un nouveau départ. Vous avez changé de nom, de sexe, de métier, de ville, de pays, bref, une nouvelle vie démarre, il ne manque plus que lui.

Quelle que soit la catégorie dont vous relevez, une seconde question s'impose : comment démarrer ?

Exercice : En amour, j'en suis où ?

• Prenez votre cahier bleu « Casting d'une âme sœur ».
• Répondez à la question suivante : « Où en suis-je ? »

Exemple : « Françoise, 50 ans, célibataire. Je n'ai pas d'enfants et je n'ai pas construit de relations durables parce que j'étais prise dans un conflit de loyauté familial. Au moment où le travail que j'ai commencé sur moi aboutit, mes parents, âgés, à la santé déclinante, décident malgré tout de divorcer et me voilà à nouveau occupée entre ma fonction professionnelle et mon activité de garde-malades. Mes frères et sœurs, comme d'habitude, me laissent faire. Je viens de passer deux ans à mettre en place des relais médicaux qui s'occupent de mes parents. Ouf, j'ai enfin du temps et du désir à consacrer à ma recherche. »

Autre exemple : « Karine, je viens d'avoir 37 ans. Je suis terrifiée par les hommes depuis toujours, au point de mettre 20 kilos entre eux et moi. J'ai fait pour la première fois l'amour à 35 ans et je n'ai connu que deux partenaires jusqu'à ce jour : je suis restée avec eux très peu de temps. J'ai compris à quel point je préservais ma famille en me confortant au rôle de la gentille ronde qui se sacrifie au profit de ses neveux et nièces. J'ai suivi quelques stages, identifié mes bénéfices cachés et me suis réconciliée en partie avec mon corps. Avec dix kilos de moins, je me connais mieux et je n'ai plus peur de fonder une famille. »

• Insistez autant sur la partie « ce que j'ai dépassé » que sur « ce que je suis prête à partager aujourd'hui ».

Assumez votre démarche !

Sortez de l'ombre, prévenez vos amis que vous vous sentez prête à accueillir un homme dans votre vie, que le prochain sera le bon ! Ils vous soutiendront. Peut-être pensez-vous que l'attitude « J'ai vu de la lumière, je passais par là, ça viendra quand ça viendra » renvoie de vous une image digne, sobre, juste ? Bien au contraire, s'affirmer exige de la « présence à soi », « ici et maintenant », pour créer votre avenir. À défaut, non seulement vous croiserez des hommes également de passage, mais vous devenez fragile, influençable ; vous risquez de passer à côté de votre objectif.

Que voulez-vous vivre ?

Comment faire pour que votre âme sœur ne soit pas seulement un mirage ? Avant de vous référer à un portrait-robot rempli de clichés, faites le tour de vos valeurs et de vos attentes réelles ; quand vous parlez de lui, n'oubliez pas que vous parlez d'abord de vous et de vos priorités. Énumérer uniquement des attributs physiques et des vertus ne vous mènera pas très loin. Des valeurs communes favorisent l'entente à long terme. Le Dr Bruce Buehler, de l'université du Nebraska, l'affirme : « Quand on se ressemble, que l'on ressent les mêmes choses, que l'on pense de la même façon, on est plus attiré l'un vers l'autre et l'on fait l'amour plus souvent. C'est une question de phéromones… »

Pour autant, savoir qui vous êtes et connaître vos aspirations ne s'improvise pas. Seule l'analyse sans concessions de vos expériences précédentes peut vous conduire sur la voie. Appuyez-vous sur les exercices du cahier rouge, puis sur tout ce que vous avez réussi et sur ce que vous avez abandonné en chemin ; vous arriverez ainsi à mieux saisir votre fonctionnement, à repérer parmi vos comportements ceux qui apportent des résultats et ceux qui vous desservent. Derrière ce travail personnel se profile une ambition que nous pourrions toutes et tous avoir : réutiliser les ressources que nous avons testées lors d'expériences réussies (de toute nature), au lieu de repartir à zéro à chaque fois que surgit un nouveau visage.

Exercice : Qu'est-ce qui m'a émue dans mes relations passées ?

• Sur une page de gauche, replongez-vous dans les moments heureux vécus avec vos ex-partenaires.
Exemple : ce qui m'a émue dans mes relations passées, c'est la tendresse de Philippe, ses gestes quand il caressait mon visage ; la sensualité et la peau d'Axel, cette façon qu'il avait de m'approcher qui me faisait fondre ; la sensibilité d'Arnaud, dont les yeux se voilaient à chaque émotion…
• Allez plus loin. Décrivez comment Philippe manifestait sa tendresse : la lenteur du geste alliée à la profondeur

du regard, le contact permanent dès que vous étiez proches, etc.

• Continuez pour obtenir le plus d'éléments possibles. Une fois vos souvenirs recensés, déposez les mots-clés sur la page de droite : tendresse, sensualité… Complétez avec les adjectifs : lenteur, regard, contact… Entourez l'ensemble.

Exercice : Quelle relation voulez-vous partager ?

• Souhaitez-vous des enfants ? Avec un homme qui en aurait déjà ou cela vous est-il indifférent ? Voulez-vous vivre ensemble, chacun chez soi ?

• Avez-vous des passions incontournables ? Êtes-vous prête à accueillir les siennes ?

• Comment voyez-vous vos loisirs ? Qu'aimez-vous faire ? Décrivez le week-end idéal avec lui, mais restez dans la ville où vous vivez. Rome, ce sera pour plus tard.

• Comment aimez-vous voyager ? Plage, farniente et sieste câline ou musées, trekking, autre ?

• Quels rapports entretenez-vous avec la télévision, Internet et les jeux vidéos, les sorties, la musique ? Êtes-vous adepte des concerts rock et métal ou préférez-vous les orchestres de chambre ? Aimez-vous retrouver des amis, boire un verre, aller au cinéma, au théâtre, souvent ou privilégiez-vous le cocooning et les petits plats ?

• Une fois les réponses données, sélectionnez les 5 « points » essentiels pour vous et reportez-les sur une nouvelle page. Ils constitueront des fondements associés à vos valeurs.

Exercice : Pourquoi ai-je envie d'une relation intime ?

• Prenez votre cahier bleu. En face de « Où en suis-je », répondez aux questions suivantes à partir de vos expériences passées :

Exemple : j'ai envie d'une relation intime parce que je me sens prête à aimer, à être aimée, et que ce désir est plus important que mes peurs.

• Ce que je sais que je peux m'engager à donner dans une relation intime, c'est :

Exemple : dans une relation intime, je sais que je peux m'engager à donner mon écoute, ma tendresse, mon empathie...

• En conséquence, ce que je veux recevoir, c'est :

Exemple : de l'écoute, de la tendresse, de l'empathie et plus encore...

• Les buts de ma relation intime sont :

Exemple : partager l'amour, la tendresse, la sensualité dans une atmosphère d'authenticité et de confiance.

• Les valeurs principales de cette relation doivent être :

Exemple : honnêteté, fidélité, respect, etc.

Respecter et faire respecter vos valeurs constituera la base de votre démarche. Si vous les oubliez en route, vous perdrez votre cap. Approfondissez la réflexion et repassez le film de votre vie amoureuse à partir de la première aventure concrétisée.

Qu'allez-vous partager ?

Au-delà des valeurs, des sujets incontournables conditionnent également la réussite de votre relation future. Il s'agit de les explorer en fonction des expériences passées à partir des exercices de l'étape 2. Creusez encore votre réflexion : comment vous sentez-vous avec lui ? En quoi sa vision de l'amour rejoint-elle la vôtre ? Quelles valeurs vous réunissent ? Plus vous serez précise, plus vous augmenterez vos chances d'attirer l'homme que vous souhaitez rencontrer.

La tendresse

Dans les films français, deux schémas dominent. Entre le faux dur qui dissimule ses émotions (Gérard Lanvin) et le romantique fou d'amour (Yvan Attal), lequel vous satisferait ? Êtes-vous du genre à accompagner votre homme discrètement ou tenez-vous à afficher des marques de tendresse en public ? Avez-vous besoin d'un contact tactile permanent où vous agacez-vous rapidement dès qu'on vous touche ?

Éva, 28 ans, Suédoise par son père, renvoie une image de Nordique classique : belle, blonde, froide. Elle déteste les effusions. Antonio, 32 ans, beau Sicilien au sang chaud, ne voit qu'elle dans ce club de vacances. Il la courtise pendant deux semaines. Elle succombe à cette passion latine. Deux mois plus tard, ils se disputent en permanence. Elle a fréquemment la migraine, le tient à distance le plus souvent possible quand lui voudrait afficher son amour à la face du monde. Il menace de la quitter. Elle « fait un effort » car elle tient à cet homme fougueux qui, de surcroît, l'invite partout. Très vite, sa nature reprend ses droits et Antonio, définitivement conquis, décide d'accepter ses frustrations plutôt que de la perdre.

Nul doute qu'ils se réservent quelques années difficiles. Malgré tout, pourquoi Antonio, câlin et coquin, jette-t-il son dévolu sur le seul glaçon alentour ? Différents facteurs pourraient l'expliquer ; entre autres, les parents d'Antonio préféraient son cadet, plus intellectuel. Si Éva s'était montrée chaleureuse, elle aurait réparé cette blessure d'enfance. C'est précisément parce qu'Éva ne pourra jamais le reconnaître tel qu'il se présente qu'il l'a choisie. De son côté, Éva, identifiée à ce père glacial qui l'a méprisée et a quitté sa mère, fait revivre à son compagnon la distance que son père leur imposait. L'homme que vous venez de rencontrer ne vous prend pas la main au cinéma ou dans la rue ? Il ne vous câline pas avant de s'endormir et au réveil ? Il vous embrasse seulement pendant le câlin ? Il vous caresse en permanence et vous rend folle ? Cela vous frustre ? Prenez garde, il ne changera pas !

La sexualité

Généralement, la scène érotique du film se déroule une fois la porte de la chambre refermée. Soit vous imaginez et vous projetez ce que vous aimeriez vivre, soit on vous décrit joliment une envolée lyrique : l'héroïne plane et le héros se comporte à la perfection. Dans la réalité, la première nuit révèle de nombreuses surprises, qui conditionnent la suite de l'histoire. Elle dévoile certains traits de la personne : la peau, l'hygiène, la danse des corps, la sensualité, le souffle, l'harmonie des rythmes, l'expression verbale… À chaque étape, vous fondez, vous bloquez, ou vous subissez ! Les unes préfèrent le sexe oral. Pour d'autres, rien ne vaut la pénétration. Certains terminent l'acte en sept minutes tout compris, d'autres adorent les préliminaires interminables… Au fond, répondez à cette importante question : dans l'absolu, aimez-vous vraiment faire l'amour ? À quelle fréquence ? Combien de temps ? Préférez-vous les hommes chauds, prêts à vous honorer trois fois par jour, ou ceux qu'il faut réveiller chaque samedi ? Êtes-vous adepte du « quickie », du grand jeu ou vous adaptez-vous à la situation ? Êtes-vous du soir, du matin, de l'après-midi, tout à la fois ? Éprouvez-vous le besoin de conditions particulières pour éveiller votre désir, atteindre le plaisir ? Avez-vous le désir « fragile » ou vous sentez-vous toujours prête ? Quel rapport à votre corps, au corps de l'autre entretenez-vous ? Existe-t-il des physiques qui ne vous inspirent pas ou seule la « qualité » de la relation définit-elle votre intérêt ? Aimez-vous qu'on vous parle pendant l'acte ? Sur un ton lubrique ou poétique ? Êtes-vous adepte de pratiques extrêmes ? Aimez-vous vous perdre dans l'autre ?

Domitille, 44 ans, raffole d'Hervé, 46 ans. Tout se passe bien : les valeurs, les centres d'intérêts, l'éducation de leurs enfants respectifs, la disponibilité, la façon d'envisager le

162

couple les réunit. Les circonstances les amènent à se voir cinq ou six fois avant de pouvoir, enfin, se trouver dans un lit. Et là, catastrophe! Non seulement il se comporte comme un acteur de film porno selon ses critères à elle, mais il exige rapidement qu'elle pratique une fellation. Dans l'absolu, elle ne s'y oppose pas, mais l'odeur dégagée localement la cloue sur place.

Bien que l'entente physique ne suffise pas à construire une histoire, elle s'avère essentielle à la durée d'un couple. L'alchimie des corps ne se commande pas. Elle est ou n'est pas. Tout compromis sexuel garantit l'échec. Pour autant, accordez-vous quelques nuits pour gagner en confiance et vous épanouir.

Julie, 35 ans, s'éprend de Gabriel, 40 ans. Il sort de quinze ans d'une vie conjugale avec Nathalie, 45 ans, une femme castratrice. Elle le traitait d'obsédé sexuel à chaque fois qu'il lui faisait des avances. Avec le temps, il avait renoncé à toute vie charnelle. Une fois par mois, pour éviter qu'il ne la trompe ou ne la quitte, elle daignait le visiter dans la chambre du sous-sol qu'elle l'avait condamné à occuper, sous prétexte de ronflements.

Inutile de vous préciser que leur première nuit ne fut pas probante. Julie, par ailleurs fort séduite, n'a pas tiré de conclusion hâtive pour autant. Dans les jours suivants, elle fit preuve de patience, d'empathie et de créativité pour déculpabiliser Gabriel d'une éventuelle lubricité maladive. Cinq ans plus tard, Gabriel a développé des talents sexuels inouïs pour le plus grand bonheur de sa compagne.

Où en êtes-vous avec le sexe ?

Au fait, depuis combien de temps n'avez-vous pas fait l'amour ? Contre toute attente, le nombre de celles qui n'ont pas été « irriguées » depuis quelques mois ou quelques années se révèle important. Certes elles ne s'en vantent pas, mais la réalité est bien là. D'un côté, des amazones libérées alpaguent ces messieurs sans hésiter ; de l'autre, des vénus terrifiées craignent de ne plus savoir s'y prendre. Leurs amies ont beau leur répéter que « c'est comme le vélo, ça ne s'oublie pas », elles ont anesthésié leurs corps au-dessous de la taille pour une durée indéterminée. Les hommes, généralement, à moins d'appartenir à une tranche d'âge avancée (et encore !) ou d'avoir traversé des soucis prostatiques (et alors ?), s'intéressent de très près au corps féminin, à l'érotisme et à l'acte lui-même. Cela signifie que si le sexe vous rebute, il faudra quand même l'intégrer dans votre projet. Non seulement vous risquez de ne pas vibrer sur la même fréquence, mais le fait d'avoir « fermé » les écoutilles créera un bouclier qui les tiendra à distance. Quelques-uns sans doute privilégient l'amour platonique : ils représentent une minorité face au nombre de femmes demandeuses exclusivement de tendresse. Que vous ayez ou pas coché l'option « virilité affirmée », il devient urgent de vous ré-érotiser. Un mode d'emploi vous sera proposé à l'étape 5.

La nuit

Dormez-vous collé-serré ou à l'autre bout du lit ? En jogging, sweater et chaussettes parce que vous avez toujours froid ? Préférez-vous faire chambre à part et vous retrouver pour les câlins ? Si vous ne supportez pas de passer la nuit entière dans le lit d'un homme, évitez les tendres à tendance fusionnelle. Il en est des « caractéristiques » de l'autre comme des émotions : certaines suscitent la tendresse, d'autres réveillent la violence.

La vie sociale, les sorties

Là encore, vous serez confrontée à des sujets qui fâchent. Avant de vous engager avec un homme, observez son mode de vie, son rythme, ses loisirs, son rapport à la famille, aux rites religieux, au désir d'enfant par exemple, et voyez si cela vous convient.

Ses amis

Il en connaît une multitude, depuis des années, et il ne jure que par eux. Ils se retrouvent régulièrement pour faire la fête, la tournée des bars, voire des boîtes. Ou bien il passe tous ces week-ends en leur compagnie, du golf au foot, sans oublier leurs salons favoris : auto, nautisme et surtout les voitures anciennes. À ce charmant tableau, ajoutez les rallyes. Tôt ou tard, vous serez amenée à rencontrer ses amis, et eux, à vous accepter. Espérons que le charme s'exercera dans les deux sens. Peut-être n'a-t-il pas d'amis du tout ? Alors vous seule représenterez son univers. Cela convient parfaitement à certaines, tout dépend de vos priorités. Il a beaucoup de copines ? Entendez plutôt beaucoup d'ex.

Sa mère

De son vivant, elle restera incontournable. La seule certitude : il traite sa mère comme il vous traitera. Observez-le dans ses rapports avec elle et vous aurez une idée de ce qui vous attend.

> *Céline, 32 ans, sort d'une relation avec Benjamin, 27 ans, encore fourré dans les jupons de maman. Quand elle rencontre Guillaume, 35 ans, il affirme qu'il a pris de la distance avec sa génitrice : elle fond. Et quand il insulte sa mère au téléphone en la traitant de vieille folle, elle voit juste qu'elle n'aura pas à la supporter. Elle n'avait pas prévu qu'au fil des mois, il finirait par l'insulter de la même façon.*

Pris dans cette ambivalence d'amour/haine à l'égard de celle qui lui a donné la vie, Guillaume la reproduit sur ses compagnes et les aime tout en les haïssant.

Le cœur

L'expression « être dans le cœur » a fait des émules parmi les aficionados du développement personnel. Bien que galvaudés, ces mots ont pourtant du sens. Un homme qui flirte avec le cœur ne distille pas les mêmes vibrations que celui qui vous approche avec son corps, son sexe ou sa tête. Dans le premier cas, il émane la possibilité d'une évolution amoureuse ; il est ému et apporte à ce lien naissant une tendresse prometteuse. Dans le second cas, son enveloppe charnelle est là, mais l'intention juste manque. Lorsque l'un ouvre son cœur à tous les possibles et que l'autre se ferme, le décalage, bien qu'insupportable, reste la plupart du temps occulté par le plus motivé des deux. Être dans le cœur vous permettra, lors des rencontres à venir, de départager les hommes sincères des aventuriers.

La volonté d'engagement, la disponibilité

Avez-vous le même désir de vous engager et de consacrer du temps à une relation ? Se sent-il aussi disponible que vous ou sort-il d'un divorce difficile qui l'a rendu méfiant ? Vos projets de vie sont-ils compatibles ? Souvent, l'un des deux refuse d'entendre un message pourtant clair :

Sandrine, 35 ans, interroge Nicolas, 38 ans, sur ses dernières relations. Il commence à raconter, honnêtement. Elle se met en colère et lui fait une scène. Elle préfère escamoter une réalité encore présente (elle aurait su qu'il était toujours amoureux de Roxane). Nicolas, quant à lui, décide de se taire, compte tenu de la violence de la réaction.

La fidélité

L'exclusivité amoureuse et la fidélité sont-elles importantes pour vous ? Pratiquez-vous le polyamour[1], le libertinage, voire le lutinage[2] ? Et lui ? Acceptez-vous qu'il continue à voir ses amies ? Pour éviter tout malentendu, toute souffrance, ce point devrait être abordé aux prémices de la rencontre.

Un homme qui vous plaise, là se situe le véritable enjeu

Ne confondez pas valeurs et critères. Il est temps de connaître vos besoins pour les respecter et vous respecter. Parlons enfin d'esthétique ! De fait, que vous vous damniez pour un *biker* ou un dandy, savez-vous ce qui vous fait vibrer et comment ? Libre à vous de placer la barre assez haut, style : 1,80 m minimum, 80 kilos de muscles, le regard clair des hommes du Nord, un look de baroudeur, sportif, riche et généreux, le sens de l'humour évidemment.

Vous avez certes le droit de vivre avec votre imaginaire, dès lors qu'il ne vous empêche pas de passer à côté de l'homme dans la vraie vie. Sauf si vous préférez, à tout prendre, la douceur d'un rêve de fumée aux aléas d'un quotidien bien réel.

---

1. http://polyamour.info
2. Françoise Simpère, *Guide des amours plurielles*, Pocket, 2009.

Exercice : Quel homme est-il ?

Prenez votre cahier et décrivez sans vous limiter, ni vous censurer, le type d'homme que vous souhaitez rencontrer. Ci-dessous, quelques indications vous guideront.

• Sa tranche d'âge : éphèbe tendance chair fraîche ou belle maturité ? Quel écart maximum avec vous, dans quel sens ?

• Sa taille : est-ce important pour vous ?

• Sa silhouette ; bonhomme Michelin rassurant, allumette ou Musclor ? Épaules de déménageur ou en saule pleureur ?

• Sa capillarité : plutôt tif que tondu ? Barbu ? Moustachu ? Imberbe ? Frisé comme un mouton, chevelure de lion, catogan, coupe « propre sur soi » type présentateur de télévision ou gendre idéal ?

• Son style : financier BCBG, branché, Perfecto, ex-baba recentré en jean, sport clean, classique sans vagues, Mickey à la mode, beach boy, baroudeur, ténébreux romantique ? Quel style ne supportez-vous pas ?

• Ses yeux : un regard bleu océan dans lequel vous vous noyez, des braises ardentes, de l'eau vive couleur étang, le velouté marron chaud des yeux de biche ? Les lunettes vous posent-elles problème ?

• Son sourire : Gibbs ou Ultra Bright, carnassier, bourré de personnalité, etc. ? Acceptez-vous un homme qui a, avant tout, besoin d'un excellent dentiste ?

• Sa voix : grave, distinguée, pleine d'assurance, virile, titi, crooner, rauque ? Une voix de comédien vous paraît-elle indispensable ? Crécelle, fumeuse, enfantine, suave... attention, ses mots doux passeront par là.

169

Au-delà des apparences, précisez les autres points importants pour vous :

• Son parcours : autodidacte performant, looser génial, bête à concours ou né avec HEC et Weston dans son biberon ?

• Son appartenance socioculturelle : profession libérale, cadre dirigeant, free-lance, employé, fonctionnaire (pompier, policier, huissier, croque-mort), avez-vous des *a priori* ?

• Son train de vie : belle voiture et grands restos ? Nature et culture ? Simple mais de bon goût ? Quand on s'aime, on ne compte pas ?

• Sa personnalité : boute-en-train, extraverti, bourré d'humour, voyou, nonchalant ou homme pressé ? Attention, il faudra vivre avec…

• Ses tendances : généreux, nounours, poète, distant, chaleureux ? Vous ne le changerez pas.

• Sa sensibilité : hypersensible, sûr de lui, directif, fragile, incertain, revendicatif, etc. ? Un dur, un tatoué ou un homme en contact avec ses émotions ?

• Ses affinités politiques : humanitaire, gauche caviar, syndicaliste, droite traditionnelle, extrémiste, etc. Le choix est vaste !

• Ses centres d'intérêt : est-il spirituel, intello, collectionneur, artiste, sportif acharné, passionné de psychanalyse, fana des circuits de Formule 1, noceur fou, adepte des copains, etc. ? Ne vous trompez pas !

• Son milieu : simple, bourgeois, libéral, catholique pratiquant tendance intégriste, protestant rigide, aristo, petit commerçant, banlieusard, parisien, provincial ? Est-ce important pour vous ?

• Sa situation familiale : célibataire, veuf, marié, juste séparé ? Divorcé avec ou sans enfants ? Combien d'ex-femmes pouvez-vous tolérer ? Veut-il des enfants ?

Droit et devoir de choisir un partenaire à son goût

« Pas de doute, Vincent est brillant », songe Caroline, la jeune quarantaine corpulente, pendant qu'il remplit son verre. « Mais, Dieu qu'il est laid ! Je ne pourrai jamais l'embrasser ! » Pourtant, les mots portent, le charme opère. Elle découvre de merveilleuses qualités humaines. Ils se fréquentent pendant un an. Il est attentionné et lui apporte beaucoup. Fou d'elle, il la demande en mariage. Elle réfléchit à cette importante décision, puis refuse. Ne pouvoir lui dire « Je t'aime » qu'en rêvant au visage d'un autre lui paraît au-dessus de ses forces. Vincent, pourtant, accueille Caroline dans sa globalité. Il ne lui demande pas de devenir plus svelte. Manque de chance, cette dernière a besoin (pour compenser son excès de poids ?) de valider le physique de son partenaire. Elle voudrait redessiner son profil, lui ajouter quelques centimètres et un peu plus de cheveux.

Comme quoi, respect et acceptation ne font pas bon ménage avec le désir profond d'un ailleurs où l'herbe serait plus verte. Qu'espère Caroline ? Le même, version bellâtre ? Elle n'imagine pas un seul instant que si Vincent ressemblait à Jude Law, il n'aurait sans doute pas eu besoin de développer charme et talent. Caroline peut passer sa vie à courir de substituts de Jude Law en Vincent « optimisé » et ne jamais rencontrer celui qui trouverait grâce à ses yeux. Au fond, son idéal se présente assez simplement : une chevelure abondante, une haute stature et un profil grec. Tous ces détails physiques expriment sa façon personnelle de rechercher, en priorité, l'énergie et la virilité. Elle assume ses désirs, quitte à payer un lourd tribut à la solitude et, après tout, chacun vient d'où il vient, nous n'avons pas à la juger ! Certaines « Caroline » finissent par dénicher leur « idéal ». D'autres deviennent aigries à force de vœux non exaucés. Malgré tout, trouver une âme sœur, c'est d'abord accepter d'identifier ses désirs profonds au-delà des clichés. Puis l'enjeu consiste à dépasser ses critères et à faire la part des choses. Il n'a pas de cheveux ? Qu'à cela ne tienne ! Son rire sonore et son regard pétillant incarnent le charme et la vivacité. Pour un Brad Pitt, combien d'hommes dignes d'intérêt autour de vous, mais que vous ne voyez pas ? Ce ne sont pas les hommes qui manquent ; vous êtes parfois simplement aveugles…

N'oubliez pas que votre image parle pour vous

Trente secondes, c'est le temps qu'il faut pour faire impression, alors autant qu'elle soit bonne et, surtout, qu'elle corresponde aux codes en vigueur dans le milieu qui vous intéresse. Vous le voyez élégant ? Alors prenez soin de vous.

Actuellement, tous nos signes font sens. De la marque du téléphone à celle du sac à main, sans oublier les accessoires, les griffes et leurs symboles nous cernent et nous diagnostiquent !

En trois coup d'œil, l'homme que vous rencontrerez balaiera votre silhouette et son inconscient vous classera, malgré vous, dans des cases : sexy, branchée, classique, facile, cool, etc.

Regardez Cécile, 32 ans. Elle désire séduire un cérébral, le genre qui se pose en permanence des questions sur la vie, la mort, l'amour et la philosophie. Avec son look de jeune fille sage et sa raie au milieu, elle n'attire que des gentils garçons qui cherchent une femme pas sophistiquée, plus centrée sur la vie de famille que sur les problèmes du monde actuel. Elle décide d'ajouter densité et mystère à son image et s'aperçoit que les « gentils garçons » en question ne lui adressent plus le moindre regard. Les « cérébraux » en revanche commencent à la percevoir de façon totalement différente.

Pour Jessica, 28 ans, c'est tout le contraire ; crinière de lionne travaillée à la permanente et à l'eau oxygénée ; maquillage marqué, talons paquebots, jupes courtes et bustiers, elle se fait siffler à tous les coins de rue. Romantique invétérée, elle ne rêve pourtant que de mariage et de bébés et s'étonne de tomber sur des aventuriers qui la quittent aussi vite qu'ils l'ont subornée. À la suite de son dernier échec, elle décide de changer. Résultat de son nouveau look : un retour à sa couleur naturelle, une coupe dégradée sur une base de carré, un maquillage atténué en harmonie avec son teint et ses yeux, des jupes légèrement plus longues et des escarpins de cinq centimètres, un simple top décolleté sous un blazer de bon ton, elle garde sa tendance sexy mais la féminité et le naturel qu'elle dégage lui permettent, sans délai, d'intéresser les ingénieurs traditionnels que Cécile boude et de choisir enfin une relation susceptible de lui convenir.

Finissons avec Véronique, jeune veuve de 45 ans. Jusqu'à la disparation de son mari, elle avait toujours été gâtée affectivement et s'attendait à rencontrer rapidement un homme qui voudrait partager une dernière tranche de vie. C'était sans compter son look de « mammy bourgeoise » : boucles folles domestiquées par un brushing rigide, jupes informes supposées dissimuler un ventre réel mais pas difforme et, bien sûr, des couleurs tristes qui rappellent trop son deuil récent. Malgré un humour à toute épreuve et une véritable générosité, les quadras la boudent tandis que des veufs à la soixantaine trébuchante se battent à coups de « mes hommages » pour l'inviter à dîner. Déterminée à construire avec un partenaire de sa génération, elle choisit elle aussi d'évoluer. La nouvelle Véronique ? Oubliés les brushings : les boucles encadrent son beau visage souriant et illuminent son regard vert, ajoutant un grain de folie à son image fondamentalement BCBG. La coupe de ses tailleurs reste classique mais dévoile ses jolies jambes sans insister sur la taille. Elle porte des pantalons ajustés avec une tunique à la bonne longueur. Sa dimension spirituelle s'incarne à travers des variantes de teintes cardinales (prune, violet, améthyste, cassis et pourpre) à la place des noirs, gris, beiges et taupe, trop convenus par rapport à son originalité. Inutile de préciser les modifications dans la pyramide des âges des postulants.

174

Dans tous les cas, que vous soyez sensiblement classique comme Véronique, sexy comme Karine ou naturelle comme Cécile, ne devenez pas la victime de votre image. Inutile de revêtir un déguisement « spécial conquête » ou même de sortir vos habits du dimanche. Mais n'oubliez pas que dans les premiers instants de la rencontre, votre image parle de vous ; plus encore, elle parle pour vous : la silhouette qui se rapproche, la souplesse de la démarche, le maintien, les vêtements, la chevelure, le sourire, le maquillage, les gestes, sans oublier l'entrée en contact, bref, autant de signes qui vous échappent et qui, pourtant, participent de votre séduction. Dites-vous bien que si vous faites la fine bouche devant un petit barbu rondouillard, il en a sans doute autant à votre service face à vos racines ou à vos ongles rongés.

Entre pratiquer le grand jeu à chaque fois et se présenter en « jean-basket » parce que, de toute façon, les hommes doivent vous accepter comme vous êtes, il existe de petites nuances qui peuvent susciter un grand effet...

Le look, c'est l'effet que vous produisez sur l'autre. Alors, autant maîtriser votre impact et décider de l'impression que vous souhaitez diffuser ; attention à ne pas véhiculer une image qui ne correspondrait pas à ce que vous voulez paraître. Hormis de rares exceptions, élégance et féminité ne s'improvisent pas. Bien au contraire, ce tandem chic se construit et se peaufine à force d'erreurs et de maladresses. Pourquoi ne pas vous épargner de longues années d'errances et de tâtonnements en intégrant dès aujourd'hui les principes fondamentaux du look ?

Le look doit toujours refléter votre identité

Il ne s'agit pas de vous transformer en mannequin mais simplement de prolonger votre identité. Pourquoi vous donner des faux airs de BCBG coincée alors que vous vous sentez dynamique et ouverte aux autres ? En tout cas, vous reflétez toujours ce que vous êtes et les soi-disant erreurs de goût ne traduisent que des humeurs contradictoires… ou un désintérêt pour l'harmonie et le souci de soi.

Le look repose sur des normes

Il existe des règles et des normes qui aident à la mise en valeur de la personnalité. Pour ne pas vous perdre dans le magma d'informations transmis abondamment par les magasines féminins, référez-vous aux règles proposées par les conseils en image. Cela ne signifie pas d'endosser un carcan ou une panoplie parfaite mais d'accepter des principes d'esthétique dont seule l'adaptation dépend de vous.

Règle numéro 1 : un visage rayonnant

Rien de tel que le couleur pour vous embellir. En fonction de votre carnation, de votre teinte naturelle de cheveux et de vos yeux, vous rayonnez dans vos couleurs et vous vous éteignez dans les autres. Ainsi Lady Di, réputée pour son élégance, avait tout compris : elle s'illuminait en rose, vert émeraude et bleu lavande. L'auriez-vous imaginée en ocre, kaki et terre de Sienne ? Malheureusement, la facilité vous conduit souvent à vous draper de ce fameux « noir qui va avec tout », quitte à creuser vos traits et à ressembler à une veuve sicilienne.

Un maquillage personnalisé, une coupe de cheveux adaptée, associés aux bonnes couleurs, garantissent un visage rayonnant.

Histoire vraie : Danielle, 53 ans, sort de chez la relookeuse. Coupe simple mettant en valeur son visage, maquillage impeccable, élégant tailleur pantalon, elle se sent bien. Elle demande au vigile du Forum des Halles la direction de la boutique Sephora pour acheter les produits qui lui manquent. C'est alors qu'il lui répond spontanément, du haut de sa petite trentaine : « Mais vous n'en avez pas besoin, Madame ! » Ce premier retour, qui sera suivi de beaucoup d'autres, valide sa nouvelle image et la renforce dans sa décision.

Règle numéro 2 : une silhouette équilibrée
Si vos marraines les fées ne vous ont pas offert en cadeau de bienvenue sur cette Terre et dans cette vie un corps aux mensurations de déesse, consacrez plutôt vos prochaines années à optimiser votre mètre soixante-quatre ; rééquilibrer votre silhouette et insister sur vos atouts passe par la connaissance et la compréhension de votre morphologie. Identifiez les points stratégiques :
– la longueur des jambes par rapport au buste ;
– le rapport hanche/épaules ;
– la naissance du cou et la forme des épaules ;
– le décolleté (et sa mise en valeur) ;
– le ventre ;
– les fesses et la culotte de cheval ;
– les jambes (et leur mise en valeur).

Ces points se définissent les uns par rapport aux autres, et constituent le « système de votre silhouette ». Le grand art consiste à rendre l'ensemble harmonieux, chacune devant composer avec ses proportions. Malheureusement, un nombre important de femmes font le contraire de ce qui leur va et cachent, quasiment par principe, les plus jolies parties de leur corps. Il suffit quelquefois de raccourcir une robe, de rallonger une veste, de repincer une taille et le tour est joué : une nouvelle femme apparaît, qui se découvre, s'ouvre, se tient plus droite, se met à sourire, joue de ses cheveux et devient soudain réellement séduisante… Elle dégage une confiance et une assurance qu'elle n'avait pas auparavant.

Règle numéro 3 : adapter son style par rapport à sa silhouette

Les styles que vous aimez ne vous le rendent pas toujours. À vous de piocher dans ceux qui vous valorisent.

Prenez Sylvie, belle plante d'origine italienne bourrée de croyances limitantes et effrayée par le cap de la quarantaine. Elle croyait que s'habiller juste au-dessous des genoux lui donnait de la classe et bataillait systématiquement avec les vendeuses qui lui suggéraient de raccourcir ses jupes. En définissant sa juste longueur, elle ne se contente pas de rajeunir ; elle obtient un succès fou auprès de la gent masculine. Dans l'imaginaire des hommes, la « mamma » généreuse, folle de tortellinis a cédé la place à Monica Bellucci.

Ne nous leurrons pas. Malgré ses récentes certitudes, Sylvie croisera immanquablement sur sa route une vendeuse sculpturale qui lui affirmera d'une voix radiophonique que « c'est la mode de cet hiver ». Intégrez-le une bonne fois pour toute : la mode n'est pas ce qui se fait, mais ce qui vous va. Voyez-la plutôt comme une ressource pour votre look. À l'image de la couleur, la mode a une seule et unique fonction : se mettre à votre service et vous embellir. À vous de ne pas la servir et vous asservir en suivant dévotement les conseils des magazines : « Cette année, portez des carreaux noirs et blancs. » Bonjour le « damier », adieu votre rayonnement. Ou alors « oubliez le court, c'est dépassé », et nous contemplerons une cohorte de « cow-boys » miniatures, tout droit sortis des films de Sergio Leone, fiers de leurs longueurs épongeant la poussière. Piochez dans la mode, inspirez-vous de son génie, absorbez sa créativité mais, de grâce, ne la suivez pas au pied de la lettre ! D'ailleurs, dans la rue se côtoient aujourd'hui des pantalons pattes d'éléphant, des tailleurs « executive », des robes couture, des tee-shirts/jeans serrés, des tuniques en lin indien, des soies d'esthète, etc.

Rester dans votre style ne coûte pas les yeux de la tête...

À preuve, ces fameux magazines de mode vous proposent régulièrement d'imiter certains modèles de grands couturiers avec trois francs six sous et deux doigts de créativité. Évidemment, sur le mannequin, le tailleur un peu trafiqué par les ciseaux des fées (elles vous expliquent comment faire) tombe avec un chic incroyable. Sur vous qui ne sortez pas d'Esmod[1], seuls manquent les célèbres vichys rose et blanc pour reconnaître la griffe. Vous n'avez pas les moyens de payer le prix fort ? Que dégriffés, dépôts-ventes et soldes privés figurent dorénavant dans vos agendas.

Pour acheter « futé »

• Une couleur « star », qui illumine votre visage, ne coûte rien.
• Respecter son style non plus.
• Seul les basiques (vestes, tailleurs, manteaux et chaussures) méritent un investissement.
• Pour ces derniers, creusez-vous la cervelle, laissez votre adresse de façon à être informée de toute promotion. Réservez le vêtement qui vous intéresse dans vos boutiques favorites quelques jours avant le jour « J » ; explorez les garde-robes des copines et proposez-leur d'échanger ou de monnayer les tenues non portées ; procurez-vous un guide « pas cher » de votre région ; enfin, si vous avez un don, reprenez vos aiguilles : un joli tombé de jupe, un pantalon sublime dépendent souvent d'une simple retouche.

Ces propositions restent subjectives et indicatives. À vous de vous positionner par rapport à votre personnalité, votre confort, votre entourage et, bien entendu, votre métier. Car votre vie de femme s'exprime à travers trois types de situations dans lesquelles votre look change :

---

1. La plus ancienne école de mode au monde, créée en 1841.

– la semaine professionnelle : votre emploi, le secteur d'activité, la culture de l'entreprise, la fonction que vous y exercez et les autres collaborateurs constituent un environnement qui vous influence. Certes, vous pouvez être « décalée » dans cet univers, à condition d'avoir une présence et une affirmation de soi très développée ;

– le week-end, où vous pouvez exister dans un registre naturel et pratique, sauf si vous sortez. Auquel cas, votre image doit s'adapter à un nouveau contexte ;

– les soirées, les rencontres mondaines ou « amoureuses », les fêtes. Là encore, du cocktail chic à la boîte choc, du dîner conventionnel au bal des débutantes, du mariage de votre meilleure amie au tête-à-tête, trouvez le ton nécessaire à votre bien-être.

En dehors des critères en vogue, il importe d'exister dans son image et dans son style vestimentaire... parfois de façon paradoxale et contrairement aux codes en vigueur. Le décalage et le détournement des signes l'expriment aussi. Coluche n'avait-il pas redonné vie à la salopette ? Comme disait Buffon, « le style, c'est l'homme ». Et si vous êtes ce que vous paraissez, le look n'est plus une question d'erreurs à ne pas commettre, mais une affaire de justesse. Au-delà du vêtement, il s'agit pour vous d'affirmer votre identité, de trouver votre style. Pour autant, une image séduisante ne suffit pas. Jeune fille de bonne famille ou allumeuse impitoyable, poupée Barbie ou ex-baba cool recentrée, femme jusqu'au bout des ongles ou rebelle indécrottable, passez maintenant à l'ultime étape avant de trouver votre âme sœur.

L'incontournable estime de soi...

Ce thème, récurrent, galvaudé, essentiel, nous interpelle constamment. Pas un livre de développement personnel qui ne suggère des exercices pour développer l'estime personnelle, pas un site, un blog qui ne vous guide sur le chemin de l'amour de soi. Tous préconisent un apprentissage quotidien, qui part de vous, de votre attitude face à vous-mêmes, face à la vie.

Parmi les conseils prodigués à l'envi, évitez de ressasser vos défauts, faiblesses et erreurs passées. Si vous cumulez les pesanteurs d'hier aux incertitudes de demain, il ne vous reste plus qu'à renoncer au monde de ceux qui, eux, peuvent s'aimer. Il vous est demandé de recenser les qualités que vous avez souvent utilisées au lieu d'accorder de l'importance aux erreurs, d'exprimer vos besoins, vos attentes et surtout, de ne pas vous renier pour plaire aux autres et vous faire aimer d'eux. Vous avez déjà bien abordé cette thématique à travers les mises en situations proposées aux étapes précédentes. Pour aller plus loin, vous pouvez consulter ouvrages et sites specialisés[1].

---

1. www.oserchanger.com/passeport_estime

Exemples de pistes proposées[1]…

1. Ne vous comparez plus aux autres.
2. Cessez de vous déprécier.
3. Acceptez les compliments.
4. Respirez profondément (voir la delta-respiration[2] du Dr Yann Rougier).
5. Utilisez affirmations positives, livres, cassettes, etc., plutôt que de regarder les infos ou des films d'horreur.
6. Développez des liens avec des personnes positives et qui vous soutiennent, éloignez-vous des êtres toxiques de votre vie.
7. Faites une liste de vos succès passés.
8. Faites une liste de vos qualités.
9. Commencez à donner plus aux autres de façon altruiste.
10. Impliquez-vous dans un travail ou des activités que vous aimez.
11. Soyez vraie avec vous-même.
12. Soyez vraie avec les autres.

L'impressionnante documentation sur cette question laisse à croire que « l'estime de soi, ça ne va pas de soi[3] ».

Songez à votre âme sœur… Sa confiance en lui transparaît. Vous le trouvez plein d'assurance, bien dans sa

---

1. jours.blogspot.com/2010/03/jour-3-dis-moi-qui-tu-es.html
2. *Se programmer pour guérir*, Albin Michel, 2010.
3. Hervé Magnin, *C'est décidé, je m'aime! Le Pourquoi et le comment de l'estime de soi*, Éditions Jouvence, 2009.

peau. Et s'il doutait ? Et si vous doutiez ? Et si vous doutiez autant l'un que l'autre ? Votre propre estime culmine au-dessous du niveau de la mer ? Pourquoi voudriez-vous que la sienne tutoie l'Himalaya ?

Pour Christophe André, « l'estime de soi repose sur trois "ingrédients" : l'amour de soi (se respecter quoi qu'il advienne, écouter ses besoins et ses aspirations) facilite incontestablement une vision positive de soi (croire en ses capacités, se projeter dans l'avenir) qui, à son tour, influence favorablement la confiance en soi (agir sans crainte excessive de l'échec et du jugement d'autrui[1] ».

À écouter certains auteurs québécois, vous pouvez parcourir le monde pour trouver l'homme idéal mais, où que vous alliez, la seule personne qui vous suivra toujours, c'est vous-même. Si vous devenez un véritable ami pour vous-même, les autres le deviendront aussi. Cet amour de soi, incontournable, fondement de la relation, passerait par l'acceptation de soi, de ce qui est, de ce qui a été et des autres. Il guérirait l'âme, le cœur et le corps. Pour le développer, il vous est suggéré d'emprunter les chemins de l'acceptation et du lâcher prise. Est-ce si facile ?

Voilà pourquoi explorer autrement l'amour de soi s'impose. En effet, combien de personnes, après des années de thérapie ou fraîchement sorties d'un stage de développement personnel, affirment-elles s'aimer, enfin ? « J'ai appris à m'apprécier, à m'occuper de moi », assènent-elles à longueur de massages ou lorsqu'elles cuisinent bio.

---

1. Christophe André, François Lelord, *L'Estime de soi*, Odile Jacob, 2008.

Bizarrement, malgré de bonnes résolutions, jeux de rôles et, bien sûr, le retour enthousiaste des participant(e)s au groupe, l'évocation de leur actualité amoureuse laisse perplexe. D'années en années, de stages en formations, le discours se peaufine mais le quotidien ne change pas : le nouveau partenaire se révèle toujours problématique, perdu, peu généreux ou incapable d'aimer. Alors elles suivent une thérapie légèrement différente, ressortent encore plus motivés et décrivent à tout vent la nouvelle étape franchie.

Ce que nous obtenons reflète nos pensées, en d'autres termes nos partenaires nous renvoient l'image de ce que nous sommes prêtes à vivre. Dans ce fait, un questionnement s'impose : dans quelle mesure le travail accompli témoigne-t-il d'une réelle évolution ? Un bénéfice caché d'un nouveau type ne se dissimulerait-il pas là encore ?

Analysons dans un premier temps certains ingrédients qui composent l'amour de soi. Dans un second temps, nous verrons s'il existe des « solutions » et comment les matérialiser (p. 193). La recette du manque d'amour de soi contient en proportions similaires du doute (est-ce que je le mérite ?, serai-je à la hauteur ?), des complexes (si j'étais plus ceci, moins cela) et de la dévalorisation (n'importe quelle inconnue le mérite davantage, elle). Ces ingrédients altèrent le rapport entre soi et l'autre (attention danger, si j'y vais, je vais souffrir). Ils influencent le choix du partenaire qui nous traitera exactement comme nous nous traitons.

Quand le doute s'installe

Regardez Amandine. L'heure du second rendez-vous approche et déjà la panique la submerge. Quel que soit son physique, quel que soit le sien, elle se sent réduite à un misérable tas d'imperfections face à l'être merveilleux avec lequel a rendez-vous ce soir.

Que lui trouve-t-il ? Entre sa mine fatiguée, les kilos de l'hiver, un look somme toute ordinaire et des soucis professionnels, il aurait largement de quoi larguer les amarres, surtout s'il croise en chemin une Alexandra... Vous savez, le genre un peu slave ; elle n'a pas son pareil pour faire rêver aux longues steppes balayées par le vent, à l'arrière-grand-père aristocrate, un Russe blanc devenu chauffeur de taxi après la révolution bolchévique. Dans une atmosphère matinée d'orthodoxie et de samovar, elle distille passion, mystère et sensualité. Ses origines exotiques, sa silhouette de sirène et son job de « reporter photographe » dans un obscur bimestriel slovène lui confère un style tellement plus excitant que les querelles de pouvoir qui secouent le petit monde de votre société d'assurance. Remplacez Alexandra par Illana et les plages de la Baltique ou, plus simplement, par Marie-Amélie, fille de diplomate qui parle cinq langues, et vous passerez votre vie à pleurer d'être née dans la banlieue de Lyon.

De fait, cet hidalgo qui bouleverse Amandine a envie de la revoir ! Il a vécu avant de la connaître. Il sait que le monde est plein d'Alexandra et d'Illana, toutes aussi disponibles, si elles veulent bien s'en donner la peine... Pour autant, c'est le numéro de téléphone d'Amandine qu'il a composé, pas celui de sa directrice du marketing.

À l'instar d'Amandine, dans vos phases de lucidité, vous concevez aisément votre avantage. Mais dès que vous vous retrouvez seule face au miroir, le doute s'insinue à nouveau, sournoisement et, tout à coup, vous envahit : votre quotidien alterne entre doute et « maîtrise du doute ». Votre front et le contour de vos yeux se rideraient pour bien moins.

Cette angoisse, vous la connaissez par cœur et ce depuis de nombreuses années. Convaincue de votre manque d'attrait, vous participez à la croisade de l'auto-dévalorisation avec une foi sans égale. Dans une situation identique, vous songeriez même à annuler le rendez-vous tellement vous vous trouveriez fade ce jour-là. Barricadée derrière un prétexte en béton, vous n'imagineriez pas un seul instant l'effet produit sur votre (futur) amoureux. Et s'il doutait lui aussi ? Et s'il pensait que vous en préféreriez un plus séduisant, plus riche, plus sage ?

Le doute s'inscrit dans votre histoire personnelle, nous l'avons vu lors de l'étape 2. Vous pensiez qu'en mesurant quinze centimètres de plus, votre vie en eût été changée ? Mais c'est sans compter avec le déni de la femme que votre grand-tante a légué à votre mère et à vos deux cousines. Le doute obéit à des règles précises, édictées par l'environnement familial. Que vous incarniez par votre comportement le prolongement de vos parents ; que vous ayez placé votre barre de référence si haut que vous ne pourrez jamais l'atteindre ou que vous soyez devenue une caricature de vous-même pour exister au sein d'une famille trop rigide, votre doute, avec ses spécificités, n'appartient qu'à vous.

Avec le temps, il est devenu comme une seconde peau et, pour vous débarrasser de lui, il faudra muer, avec la peur d'abandonner ce costume sur mesure sans savoir encore si le prochain vous habillera aussi bien. Pour « tailler un short » au doute, il faut visiter le monde du complexe car se sentir bien dans sa (nouvelle) peau, c'est toujours une histoire de confiance en soi.

Le complexe, prélude au doute

Il y a toujours eu et il y aura toujours de jeunes écervelé(e)s qui poursuivent un objectif simple : abîmer, nier, voire saboter de façon totalement gratuite celles qui passent alentour. Une réflexion appuyée, bien envoyée et répétée peut saper les fondements de l'image de soi et faire douter la plus jolie des naïades. Il suffit d'ailleurs d'interroger les femmes reconnues universellement pour leur beauté ; la plupart répondront sans fausse modestie qu'elles ne comprennent pas pourquoi on leur trouve tant d'effet et vous produiront sur-le-champ une liste incontestable de leurs disgrâces. Fondé ou non, le complexe cristallise des peurs secrètes (personne ne pourra m'aimer ; il n'y a pas d'hommes pour les femmes de plus de 50 ans) et des croyances limitantes (je suis trop sage, trop plate, trop âgée pour…). C'est comme si le complexe représentait l'épanouissement du doute. Ainsi, en vous protégeant du regard de l'autre, c'est-à-dire en ne créant pas de lien intime avec lui, votre complexe opère dans un champ d'action limité. En revanche, dès que vous entrez dans l'interaction et que la séduction opère, le complexe émerge de sa torpeur, revit et se manifeste avec fracas. Cela explique sans doute que certaines préfèrent le confort de l'ascèse forcée : elles refusent de prendre des risques !

Reconnaissez-le : parfois, l'idée de le retrouver vous bouleverse tant que vous préféreriez disparaître ou même ne jamais l'avoir connu. En matière de complexes, l'objectivité n'existe pas ; vous êtes capable de vous livrer à des contorsions et à des rituels suffisamment élaborés pour qu'ils vous empoisonnent la vie. À telle enseigne que, si vous les racontiez à votre partenaire, il vous prendrait pour une folle. Allez lui expliquez que vous ne marchez jamais devant lui pour qu'il ne voit pas vos chevilles d'éléphant (selon votre vision) ; que vous vous pomponnez deux heures durant avant de pouvoir vous montrer ; que vous faites l'amour en body pour contenir vos seins et que vous pratiquez uniquement les positions qui vous valorisent. Si la nature vous a faite d'une certaine façon, elle avait sans doute ses raisons et, contrairement à ce que vous pourriez penser, la raison ne les ignore pas. L'expérience le prouve : vouloir ressembler à son contraire nécessite beaucoup d'argent, une énergie colossale, pour un résultat rarement parfait et un sentiment de bien-être somme toute limité.

Si vous vous rendez malheureuse parce que vous n'avez pas le physique de Sophie Marceau, sachez qu'en réalité vous vous délectez de cette morosité car le doute alimente une sensation ambivalente, mélange trouble de souffrance et de plaisir. Votre complaisance à vous dénigrer symbolise le dernier bastion à faire tomber. Vous captez toutes les petites phrases de votre sœur, de vos copines, de vos ex qui nourrissent votre auto-sabotage. Vous dépréciez votre identité, que vous évaluez sans cesse à l'aune d'une personnalité idéale : oui, vous n'êtes ni Marion Cotillard ni Laurence Ferrari, vous êtes vous-même, tout simplement, à condition, ô paradoxe, de le revendiquer et de devenir pleinement enfin celle que vous êtes. Un chemin qu'ont suivi Sandrine Bonnaire, Alice Sapritch, Muriel Robin, votre bonne copine Aurélie et votre tante de Bordeaux ! Avouez que sur la ligne de départ, rien ne les donnait gagnantes *a priori*. Elles n'ont sûrement rien de plus que vous, sauf d'avoir atteint une forme de plénitude… Elles ont vécu leur vie, passé outre les critères mondains et sociaux, développé leur identité de femmes et, surtout, évité les deux écueils traditionnels : exacerber leur différence pour devenir hors normes et proches de la caricature ou se « corriger » pour se transformer en pâles copies des canons traditionnels.

Bref, trouvez votre raison d'être[1], celle qui n'appartient qu'à vous, qui vous rend unique et qui attire les regards, les conversations, les sentiments masculins, leur désir… Les noms de ces femmes n'ont pas été chuchotés dans les dîners brusquement un soir de printemps ; elles ont décidé d'accepter leur identité. Elles n'y sont pas parvenues en claquant des doigts, ni grâce au chirurgien esthétique et encore moins aux régimes.

---

1. Nicolas Proupain, *Devenez ce que vous êtes*, ESF éditeur, 2009.

Le changement : décider de ne plus subir

Le doute fait partie de vous, de tous. Pour autant, vous n'êtes pas des héroïnes tragiques livrées à la nécessité d'un sombre destin. La liberté personnelle vous permet de résoudre les conflits et les crises de valeurs inextricables. Comment ? D'abord, changez l'ordre de vos convictions ; puis décidez que le malheur n'est pas une fatalité qui vous aurait choisie, vous, précisément. Enfin, acceptez de dire que la vie est difficile, mais qu'elle vaut toujours la peine d'être vécue !

La première étape consiste à po-si-ti-ver !

Le doute ne vous habite pas en permanence. À preuve, vous avez des ressources et des compétences éprouvées dans des circonstances précises où vous avez atteint vos objectifs. Pourtant, si vous pouvez citer immédiatement trois échecs importants, vous souvenez-vous aussi bien de vos réussites ? Vous appuyer sur vos propres talents, c'est chercher la mémoire de vos victoires et vous reposer sur elles pour retrouver l'estime de vous-même. La seconde étape devrait vous pousser à...

Descendre là où ça fait mal !

Il s'agit, encore et toujours, d'identifier la peur et, derrière elle, le doute qui la sous-tend. Que dit cette peur sur

191

vous-même, sur votre vie de femme, sur votre avenir ? À quelles situations personnelles plus anciennes vous renvoie-t-elle ? Ces élaborations devraient vous conduire à l'étape suivante…

Devenir attentive à ce qui bloque

Il s'agit là d'accepter vos états intérieurs dès la première impression de malaise, de reconnaître la présence de vos peurs, de les désinvestir de leur intensité de manière à les apprivoiser. Dès lors, vous pourrez les dépasser, canaliser le doute et positiver à nouveau. L'épanouissement constitue l'étape suivante.

Apprendre à vivre avec ses limites

Vos talents, même s'ils ne sont pas innombrables, représentent votre identité. Acceptez tout simplement d'apprendre à vivre avec. Et si, au bout du compte, votre doute servait à quelque chose ? Par exemple, donner à votre partenaire de bonnes raisons de vous quitter… ou, à l'inverse, de rester. Plus vous manquez de confiance en vous, plus vous l'exprimez, plus vous lui laissez la possibilité de se sentir fort et sûr de lui. Tandis que si vous annuliez sans explication ce fameux rendez-vous, il risquerait de ne pas se sentir à la hauteur et serait pris… à ses propres doutes !

S'aimer soi-même, un mythe?

Le degré d'amour que vous éprouvez pour vous-même se mesure à la qualité de vos liaisons. Si un homme vous dorlote, vous écoute, vous regarde, vous estime, vous porte de l'attention et vous appelle souvent, cela signifie que vous vous respectez et que vous vous faites respecter. Si de surcroît cet homme vous séduit, s'il correspond à vos critères profonds et que, pour rien au monde, vous n'en voudriez un autre, alors vous vous appréciez vraiment! Cette capacité à s'aimer, loin d'être donnée, peut ne pas advenir dans une vie entière. Et si vous goûtez cette chance, la probabilité que cela vous arrive à 18 ans paraît aussi faible que celle de rencontrer l'amour au même âge (même si cela arrive parfois).

À force de voir des hommes et des femmes pleurer sur leur enfance blessée, déplorer le manque d'amour reçu et surtout « tomber » sur des partenaires peu affectueux et parfois malfaisants, j'en suis venue à penser que, pour accéder à l'amour de soi, il fallait définitivement suivre d'autres voies. Certains gourous certifient que vous devez d'abord vous aimer et ensuite, peut-être, si vous avez été bien sage, vous serez capable d'aimer un homme. En attendant ce jour de grâce, contentez-vous de petites aventures misérables et vivez-les au jour le jour. Parfois, la variante suivante conduit au même résultat: tant que vous ne vous aimerez pas, vous ne pourrez pas rencontrer le véritable amour. À les entendre, nous aurions de quoi devenir bonne sœur! Et plus personne ne se risquerait à l'amour. Cette tarte à la crème culpabilise à juste titre celles qui, d'une part, ne peuvent que constater leurs échecs amoureux et qui, d'autre part, n'établissent pas de liens entre leur manque d'amour pour elles-mêmes et les choix névrotiques qui en découlent.

Le respect de soi matérialise la porte d'entrée pour accéder à l'amour de soi. Une piste vous aidera à avancer sur ce chemin escarpé : « faire comme si ». Comportez-vous comme si vous étiez une personne de valeur, qui s'aime et se respecte. À défaut de vous transformer en une seconde, vous vous familiariserez avec les attitudes inhérentes à l'amour de soi. Dans cette logique, écrivez sur votre second cahier : « Je mérite tout le bien » et développez : rencontrer un être formidable, être aimée, être respectée, etc.

Parallèlement à tout travail personnel, certains « rites et principes » de respect de soi devraient présider à toute relation et être suivis sans hésitation, notamment si vos amoureux vous malmènent en général. Ces recommandations, développées dans l'étape 5, vous refroidiront dans un premier temps et vous serez tentée par la rébellion parce que vous voudriez que tout advienne naturellement. Vous revivrez alors ce que vous connaissez déjà : des hommes qui se centrent davantage sur eux que sur la relation.

Pour en terminer avec la phase de préparation, il semble judicieux d'accorder vos comportements aux valeurs de votre âme sœur. Si l'honnêteté, la sensibilité et la transparence des émotions occupent une place importante parmi vos vertus, incarnez-les. Vous le voyez fiable ? Soyez fiable. Faites de vos valeurs un étendard, affichez-les. Et si les dieux décidaient de vous envoyer un homme bourré de qualités, ne le méprisez pas, ne vous dévalorisez pas. Caressez l'idée qu'il vous offre l'opportunité de vous élever sur l'échelle de l'amour.

Exercice : Pour dynamiser votre estime de soi

• Écrivez et recensez tout ce que vous avez déjà réussi. Regardez cette liste chaque jour : vos enfants, votre certificat de secouriste, le meilleur gâteau au chocolat du village, un concours de poésie, une promotion, des études, un meuble, etc.

• Prenez votre cahier. Ouvrez la session : « Ce que j'ai déjà réussi à faire ». Tournez la page et remplissez. Laissez quelques pages blanches pour compléter cette liste à l'avenir.

Étape 5

Je rencontre un homme que j'aime et qui m'aime

De tout temps, des princes ont épousé des bergères. Mais, pour une poignée de princes, combien de sœurs de Cendrillon, un peu moins belles… Vous avez le droit de rêver, mais la triste réalité vous éloigne du conte de fées dans lequel vous obtiendriez le premier rôle. Ne l'oubliez pas : vous arrivez sur le « marché » et le mot est faible. L'avènement d'Internet, outil à la fois remarquable et terrifiant, conjugué à l'augmentation du nombre de célibataires, a généré l'émergence de comportements singuliers, différents selon chaque sexe.

Comme nous l'avons vu lors de l'étape 3, aujourd'hui le dernier pouvoir des hommes réside dans leur volonté (et non pas leur capacité) à s'engager. Décision toute personnelle qui départage les partisans de l'amour des adeptes du sexe. Entre les deux, une cohorte d'indécis qui attendent celles qui « leur donnera envie d'avoir envie » ou les « fera vibrer », sans « prise de tête », qu'ils sortent du mariage ou aient vécu moult aventures. La largeur du spectre comprend, à gauche, l'abominable homme marié, au centre gauche, l'entre-deux, qui habite une studette pendant qu'il ou elle réfléchit, au milieu, le séparé en instance de jugement, au centre droit, le divorcé depuis un mois et plus… À l'extrême droite, les célibataires, jamais mariés mais séparés, veufs qui viennent d'arriver ou sont déjà repassé plusieurs fois par la case départ. À cela, tous profils confondus, s'ajoute méfiance, voire ressentiment à l'égard du féminin.

Ne croyez pas que les plaisirs de la chair soient l'apanage des hommes. Des divorcées récentes qui sortent de dizaines d'années de mariage rattrapent le temps perdu et mènent une vie libérée tandis que de jeunes femmes se comportent en prédatrices et justifient leurs élans au nom de l'égalité… dans tous les domaines.

Quelques paradoxes méritent d'être soulignés. L'amour demande ouverture, accueil et confiance, et cependant, vous allez vous enfoncer au cœur d'une jungle sans concession, peuplée d'hommes emportés par leur propre fuite en avant. Dans cette logique, vous devez vous respecter. Ceci passe par les comportements suivants : poser des questions précises, dire non très souvent, être sur la défensive, voire mener l'enquête et, dans le même temps, pour créer le lien, il s'agira de vous ouvrir, de sourire, d'accueillir l'autre dans sa différence… Par ailleurs, les nouvelles attitudes des femmes déstabilisent tous les hommes, mais plus spécifiquement les hommes nés avant 1970. Or, les ex-compagnes de ces derniers oublient un phénomène essentiel : ceux qu'elles ont éjectés au bout d'une, deux ou trois décennies de cohabitation se retrouvent aussi sur le marché. Elles vont donc, selon les statistiques, rencontrer des individus répudiés par leurs consœurs, avec le trouble et l'éventuelle rancœur qui accompagnent cette éviction. Comme elles, sans doute, vous vous êtes lancée dans cette croisade, pleine de certitude : « Je me suis trompée, j'ai épousé un homme faible, un troisième enfant, un coureur, le clone de mon père, comment ai-je pu me leurrer aussi longtemps… » Pendant quelques années, vous avez consacré votre énergie à traverser cette épreuve avec plus ou moins de facilité selon la souplesse de votre partenaire, l'âge des enfants, vos revenus et ce qui se jouait émotionnellement dans ce conflit.

Enfin, le divorce est prononcé. Vous habitez l'appartement conjugal, avez racheté ailleurs, à moins que vous n'ayez déménagé dans votre région d'origine pour le fuir, vous rapprocher de votre famille, d'un homme… Vous avez retrouvé d'anciens amis, développé d'autres réseaux. Vous profitez des week-ends sans enfants pour organiser sorties, activités, rendez-vous. Au début, l'euphorie vous submerge ; une phase de « bon temps » survient, qui vous « renarcissise » : vous redécouvrez votre séduction et réalisez que vous aviez laissé votre corps en jachère. Et puis, vous vous lassez des passades. Et la donne change. Continuer sa vie, ou la refaire, selon le dicton populaire, s'avère plus compliqué que vous ne le supposiez. Vous ne comprenez pas pourquoi ils renâclent à s'engager ? Ils sont blessés, perdus, méfiants. Ils ne savent plus trop ce qu'ils veulent et choisissent la position la plus confortable : gérer prioritairement l'ex-famille (enfants, épouse, fêtes importantes, vacances), leur travail (payer leur pension, développer de nouvelles ressources pour compenser la baisse de leur train de vie, profiter de leur liberté récente) et, en dernier lieu, tisser de nouveaux liens (avec vous peut-être ?). Au bout de quelque temps, ces propositions peuvent tout à fait s'inverser.

Lors de votre retour à la vie amoureuse, vous aurez à surmonter divers obstacles : rejet, indifférence, mensonges, opportunisme, manœuvres, injustice, de la part de ces messieurs. Ces déceptions ne doivent pas vous arrêter. Respectez-vous, restez concentrée sur votre objectif, suivez les conseils de ce guide, vous garderez le cap et trouverez une âme sœur. Le parcours du combattant, mené depuis le premier jour de la séparation, résonnera parfois en écho avec celui des hommes que vous croiserez. Il vous faudra pourtant examiner attentivement leurs desseins en général sans les confondre avec leurs intentions à votre égard en particulier. En effet, celui que vous recherchez a, lui aussi, ses propres desiderata. Il peut les connaître, les ignorer, les fantasmer... Par conséquent, ne laissez pas l'urgence ou l'enthousiasme occulter votre lucidité. Dans l'immédiat, considérez plutôt leur disponibilité au commerce amoureux. Fréquenter un homme marié relève de l'aberration, tout le monde le sait. Malgré cela, vous êtes nombreuses à vous embourber dans ce piège relationnel, et eux à vous y inviter. Une mise au point s'impose.

À éviter : l'abominable homme marié

Vous y avez sans doute trouvé votre compte au début : vous sortiez d'un désert ou d'une séparation lourde ; avec les soins à prodiguer aux enfants, vous n'aviez pas de temps pour une vraie histoire ; votre phobie de l'engagement s'exprimait librement, seulement, vous avez fini par tomber amoureuse et vous avez découvert le sens du mot « souffrance ». Celui-là n'a rien à voir avec l'homme marié de base. Vous savez, celui qui trompe son épouse au mois d'août, quand elle surveille les enfants sur une plage de l'Atlantique. Il ne s'agit pas non plus du commercial en goguette qui, à l'occasion d'un déplacement, met un petit coup de canif dans le contrat, mais de celui qui découvre l'amour dans vos bras, au point de remettre véritablement son couple en cause. Depuis deux ans qu'il parle de divorcer, il utilise toujours les mêmes arguments : la fragilité de sa conjointe (alcoolisme, dépression, secte, maladie), l'éventuel traumatisme de l'enfant, la crainte de ne plus le voir et, bien sûr, son sentiment de culpabilité. Sa « moitié » menace de se jeter du balcon devant les enfants ? Vous portez là une lourde responsabilité !

Vos amis ont cru bien faire en vous offrant ce livre. Peine perdue, vous connaissez plein de contre-exemples. De nombreux époux auraient quitté la vilaine partenaire de vie (à preuve, les séparations ne cessent d'augmenter) pour leur maîtresse. Malheureusement, le vôtre n'a pas l'air de savoir que le divorce pour faute n'existe plus. Passé un délai de six mois à un an, acceptez une vie dans l'ombre ou renoncez ! Quand on observe le processus de la séparation, sa lenteur, les colères et tristesses qui s'ensuivent, sortir avec un homme marié a un coût, et pas des moindres : au meilleur des cas, vous deviendrez, après des années de conflit, l'ennemie de l'ex et des enfants. Dans la conjecture la plus sombre, vous rejoindrez les millions d'abonnées à *Back Street*, un roman de Fannie Hurst paru en 1933 qui relate l'histoire d'un amour dans l'ombre. Ce roman a connu à sa sortie un immense succès, au point que l'expression « back street » est devenue emblématique de la situation de la « maîtresse cachée » et désintéressée.

203

S'il évolue dans votre environnement, vous n'éprouverez aucune difficulté à vous renseigner de façon précise sur sa situation matrimoniale. En revanche, si vous n'avez aucun lien avec son entourage, tentez en fonction de « l'ancienneté » de la relation : « Y-a-t-il des moments auxquels je ne peux absolument pas te déranger ? » Il rétorque : « Oui, lorsque je suis en réunion. » Vous, insistante : « Un collègue ou une collaboratrice peuvent-ils prendre tes messages ? » Il bafouille ? Lâchez l'affaire, seule sa concubine est *persona grata*. Cependant, les plus professionnels mettent parfois l'assistante dans la confidence ou bénéficient d'un secrétariat extérieur qui répercute anonymement les informations.

Étudions la variante : « Le soir parce que je suis rarement chez moi. » Vous, très zen : « Ce n'est pas grave, donnez-moi votre numéro personnel, je tenterai, on verra bien. » S'il vous paraît encore plus tendu qu'avant, dites-lui avec humour que vous vous ferez passer pour la gérante du syndic dans le cas où vous tomberiez sur sa femme. S'il rit, répond sur le même ton et vous donne des explications abracadabrantes, voire change de sujet, passez votre chemin.

La méfiance se justifie face à ceux, pacsés ou assimilés, qui vivent à plein temps avec leurs femmes et se présentent malgré tout « en instance de séparation ». Ils pullulent sur MSN et sur les *chats* des sites de rencontre, accessoirement après vingt-trois heures, quand leur chère et tendre se repose. Ils conçoivent mille prétextes pour ne pas confier leur numéro de téléphone fixe et même celui de leur portable : un enfant dort dans leur studio, la sonnerie va réveiller tout l'immeuble, le réseau ne passe pas, etc. Les hommes qui ne sont pas en transit possèdent normalement une ligne fixe, ne serait-ce que pour accéder au Web. Toutefois, avec le câble, les forfaits illimités proposés par les fournisseurs d'accès, voire les téléphones professionnels, ils ne manquent pas d'arguments pour affirmer le contraire. Ils dissimulent leur téléphone fixe pour protéger leur famille ou se protéger eux-mêmes : « Avec le nombre de folles furieuses sorties du néant qui pourraient le réveiller au milieu de la nuit », il livrera ses coordonnées lorsqu'il se sentira en confiance. Anticiperait-il votre futur harcèlement quand vous aurez découvert son entourloupe ?

L'idée de se renseigner sur la situation matrimoniale d'un homme qui vous intéresse particulièrement peut choquer. Néanmoins, il suffit d'entendre les témoignages de leurs proies, pas toujours consentantes. En effet, partager de l'intimité et de la tendresse avec un homme qui leur plaît libérerait en importante quantité chez les femmes l'ocytocine, l'hormone de l'attachement, au sens affectif et sexuel. Cela expliquerait pourquoi d'aucunes tombent amoureuses dès le premier câlin. Une fois éprises, touchées, leur difficulté à sortir du piège augmente. Passion et sang chaud ne dispensent donc pas de garder raison et tête froide. Vous ne deviendrez pas un Sherlock Holmes en jupons, encore moins une enquêtrice des mœurs. Normalement, vous prendrez le temps de le connaître, vous irez chez lui et observerez attentivement les lieux avant de vous impliquer. Poser les bonnes questions, rapidement et de façon directe, déstabilisera les moins rodés d'entre eux.

Des hommes (et des femmes aussi !) sentimentalement dangereux profitent des outils de communication du millénaire pour se dissimuler. Ils instrumentalisent des victimes qui ne se méfient pas, faute de maîtriser les coulisses du cœur. À preuve, lorsqu'une nouvelle fiche féminine apparaît sur un site de rencontre, elle suscite pléthore de messages qui émanent en majorité de vieux brisquards dont les photos circulent depuis de nombreuses années sur la Toile. Malgré tout, si par naïveté ou manque de vigilance, vous voilà tout énamourée d'un berneur qui vous embrouille dès que vous essayez de comprendre sa situation réelle, mener l'enquête éclairera votre lanterne. Vous pouvez regarder le courrier reçu. Il le range habituellement en petits tas sur une table, une commode, un coin de son bureau, à portée de main. À quels noms les factures et les relevés de banque sont-ils adressés ? Madame et Monsieur ? Ne négligez pas trop vite les écritures administratives, elles peuvent émaner de son entreprise et receler une invitation au théâtre pour deux personnes que, curieusement, il n'a pas mentionnée…

Cette attention vous aidera à reconstituer son emploi du temps et à vérifier l'exactitude de ses propos : la carte postale d'Angoulême provient-elle réellement de sa tante Anna, la lettre de Chypre de ce couple de vieux amis âgés respectivement de 70 et 78 ans ? Écoutez son répondeur dans la journée, juste histoire d'entendre une éventuelle voix féminine…

Un homme, ça se trouve où ?

L'environnement professionnel

L'univers du travail regorge de ressources inattendues. Des collaborateurs aux dirigeants, en passant par les clients, toujours renouvelés, les visiteurs et stagiaires, sans oublier le restaurant de votre entreprise, les circonstances susceptibles de favoriser les échanges avec des hommes ne manquent pas.

Julie, la trentaine sexy en tailleur noir, vend des encarts publicitaires dans un journal de communication. Julien, le prospect, la trouve à son goût. Et s'il n'y avait pas son patron, il serait peut-être déjà devenu son client, histoire de la voir satisfaite et fière de sa négociation. Pour jouer les prolongations, il l'emmène déjeuner. Elle passe la main dans ses cheveux et il pose sa voix dans les graves. La suite, vous l'imaginez…

Notez bien ce qui s'est passé : il propose, elle dispose, tous les deux jouent le jeu. C'est facile, éternel ; encore faut-il pour Julie saisir la balle au bond. Si vos journées se déroulent dans un gynécée, élargissez votre champ d'action. Concoctez-vous, par exemple, une vie nocturne trépidante.

Les soirées

Acceptez tous les dîners, sauf ceux qui réunissent uniquement les couples immuables et les célibataires de confession. Il existe des dîners de célibataires organisés régulièrement, comme ceux des « Pastas party » le dimanche soir (www. pastasparty.com), des rencontres autour d'activités communes (www.pointcommun.com). Le Net regorge de ce genre de sites. Rendez les invitations, demandez à vos amies de venir accompagnées par des hommes dégagés des obligations maritales. Organisez des fêtes, vous augmenterez les possibilités. Veillez cependant à équilibrer le nombre des belles à fiancer avec celui des Roméo.

Louez le sous-sol ou l'étage d'un restaurant et faites payer à chacun sa part. Demandez aux mairies, associations de quartiers, MJC, créez l'association des « Amis de l'amour » pour bénéficier de leurs tarifs auprès de la ville. Réquisitionnez le garage, le jardin ou la terrasse d'amis et quelques proches fiables pour vous aider. Des soirées « Tables ouvertes » sont organisées chez des particuliers une fois par semaine ou par mois. Testez les rencontres d'expatriés. Vous y trouverez autant de Français que d'étrangers : pour une somme variant entre 10 et 20 euros, vous prendrez le thé en anglais, dînerez en italien et bruncherez en allemand. Orchestrez des événements cools et branchés, fréquentés par une bande sympa, et vous deviendrez rapidement incontournable. Les « canons » attirent tous les hommes, tenez-en compte ! Bien sûr, vous prenez des risques en intégrant ces créatures de rêve mais, à terme, vous serez gagnante ; on se lasse plus souvent d'une plastique parfaite que de l'humour, de la gentillesse et du peps.

Les cafés

Pensez à fréquentez les cafés. Des cafés géopolitiques aux cafés philo, la liste se révèle impressionnante : sociaux, psycho, anglais, littéraires, sexo, etc., sans oublier le café de l'amour ! Parfois, vous évoluez dans un milieu décourageant. Autour de vous, les individus « en main » pullulent ; vous ne croisez que des vilains, des adolescents boutonneux et des octogénaires. Face à un tel tableau, aventurez-vous dans les sphères chaudes.

Les bars et les boîtes, les clubs de danse

Dans chaque ville, une population variée fréquente les endroits à la mode : artistes branchés aux périphéries, cadres bon chic bon genre dans les quartiers d'affaires, intello du côté des éditeurs... Les aficionados des atmosphères coloniales (La Havane) se retrouvent autour de dégustations : whisky, cigares, porto, cuba libre, etc. Privilégiez ces derniers. Les hommes raffolent de ces lieux glamour. Ils s'y rendent en bande. Un peu d'allure, du gloss, une démarche chaloupée, sourire, encore sourire et vous ne devriez pas tarder à vous faire interpeller... À ce propos, J. M. Kearns[1]

---

1. *À la recherche de l'homme idéal*, Leduc.s, 2010.

explique pourquoi les femmes ne vont pas seules dans les bars et pourquoi elles devraient garder l'esprit ouvert à ce sujet. Pour lui, ces lieux à l'environnement plaisant et accueillant favorisent les contacts, drainent des personnes qui vous ressemblent mais, surtout, un échec ne produirait pas de conséquences fâcheuses. En d'autres termes, qu'avez-vous à perdre ?

Débusquez votre âme sœur dans les bars et les boîtes en vogue. Pénétrer ces circuits demande parfois quelques efforts mais, une fois adoptée, vous ferez partie des habituées… Rejetez d'emblée les obsédés d'un soir : à leurs yeux, vous êtes interchangeable avec n'importe quelle entité féminine un tant soit peu comestible. Heureusement, des garçons « bien sous tous rapports » s'y déplacent avec la même motivation que vous. N'oubliez pas que l'adepte des boîtes vient avant tout pour se divertir, voire s'émoustiller. S'il est déjà imbibé, devient insistant, tournez les talons. Accordez-vous la valeur que vous pensez mériter. Et vous valez cher désormais ou vous faites comme si. Dansez avec l'allure d'une déesse, pas celle d'une allumeuse. Portez une tenue chic, sexy, pas vulgaire. Ne croyez pas que la panoplie de la mini-jupe associée au décolleté garantisse votre succès. Certes, vous appâterez les loups de service, mais rappelez-vous que vous désirez attirer une âme sœur. S'il suffisait d'aguicher pour y parvenir, vous le sauriez depuis longtemps. Dans un monde où les filles circulent à moitié nue, un peu de retenue vous positionne immédiatement sur un autre registre. La suite reste classique et praticable en toutes circonstances. Une fois le galant repéré, fixez-le puis détournez-vous. Recommencez. Revenez et repartez. Vérifiez qu'il vous trouve intéressante. Il a pivoté ? Oubliez-le ! En revanche, s'il vous lance des coups d'œil à la dérobée, attendez de le croiser à nouveau et souriez. Il se sentira encouragé à venir vers vous. Veillez à ne pas vous galvauder avec les infatigables oiseaux de nuit qui traînent dans certains lieux « destroy ». D'une part leur narcissisme leur ôte toute capacité à échanger, d'autre part ils ne penseront qu'à tenir jusqu'à l'aube en s'imprégnant d'alcool.

Les loisirs

• Abonnez-vous à un cycle d'expositions. Renseignez-vous sur les associations artistiques. Évitez les conférences des « Amis du Louvre », repères de bonnes mamans en mal de culture. Préférez les vernissages, les films-découvertes tournés par des amateurs, les séances de dédicace en librairie. Dans tous les cas, même si vous privilégiez les hobbies de la gent masculine, choisissez des centres d'intérêt qui correspondent à votre sensibilité.

• Choisissez une destination qui vous fait rêver. Un trekking au Tibet ? Allez aux soirées consacrées à ce pays, organisées par les agences de voyage spécialisées. Traînez au Vieux campeur, du côté des tentes de montagne, votre liste à la main. Posez des questions aux alpinistes en herbe… Dans la foulée, investissez l'espace voyages de la grande librairie de votre ville, en fin de journée ou le week-end mais pas le samedi après-midi : la foule gâcherait votre projet. Cette approche se décline avec la musique, l'œnologie, autour d'un livre, dans les magasins spécialisés… Pour varier les plaisirs, inscrivez-vous à un cours de rock, de salsa, de tango… À force de venir, vous améliorerez votre niveau et danserez avec un plus grand nombre de partenaires.

• Dans la même série, les clubs d'échec, de science-fiction, les défilés de voiture de collection et autres réunions de fanas d'informatique, de politique, drainent une population masculine importante.

• Établissez une liste des clubs d'affaires, cercles de professionnels, thématiques liées à l'entreprise orchestrées par les chambres de commerce. Pensez aux petits-déjeuners, conférences, dîners culturels ciblés sur le développement en réseau ou le marketing.

• Les salons des métiers d'art regorgent de bons garçons en quête du présent adapté à l'exigence de leur sœur ou de leur mère. À moins qu'ils ne fouinent des idées pour décorer leur lieu de vie. S'ils se déplacent seuls, voyez-y un signe : sa moitié ne lui offrirait pas l'opportunité de décider sans elle ! Répertoriez aussi les salons nautiques, automobiles, motos, sports de l'extrême, etc.

• En règle générale, certaines activités les concernent davantage : musculation, football, VTT, escrime, tir à l'arc, planche, vélo, squash, tennis, aviron, golf, etc. Tentez aussi les clubs de gym à dimension humaine, à condition de venir chaque semaine aux mêmes cours, d'assister aux soirées de démonstration ou de danse, etc. Certains clubs incluent dans le forfait des cours de rock, de salsa et même de capoeira. À force d'assiduité, vous vous ferez des amis qui vous indiqueront où ils pratiquent à l'extérieur.

La vie et ses multiples opportunités

Regardez autour de vous : au feu rouge, dans l'ascenseur de votre immeuble, à la réunion des parents d'élèves, à l'université (d'été), dans les rayons d'une grande surface, au marché devant l'étal du poissonnier, à la boulangerie, dans un bus, à l'église ou tout autre lieu de culte mixte, lors d'un concert, d'un meeting politique, à la piscine, au musée, dans le queue du cinéma, à la patinoire, etc. (nous verrons la question de l'abordage un peu plus loin).

Favorisez tous les lieux bénis de l'autre sexe, comme les dégustations de vin. Passez du temps dans les magasins de bricolage, le week-end. Ils organisent parfois des ateliers. Parions qu'en soudure, ponçage de plancher et application du crépi, vous détonnerez. À défaut, un prétexte au rayon fournitures automobiles et le tour est joué : demandez de l'aide, ils se feront un plaisir de vous conseiller et, peut-être, de vous montrer…

Les vernissages, prix littéraires, sorties de livres, de disques…

Si le mot culture vous affole, pensez aux cocktails organisés pour le lancement de CD, aux avant-premières de film. À vous de vous orienter en fonction de vos inclinations : rock, métal ou classique. Ce soir, votre amie Jane vous a invitée au cocktail organisé par les éditions La Musardine. Cette petite librairie du 11ᵉ arrondissement reçoit une ancienne star du porno qui vient d'écrire *Osez le cunnilingus.* Entre trois tartines au pâté, une poignée de cacahuètes et un auteur de la maison qui joue du saxo, vous ne traversez pas les mêmes émotions qu'au stand « jmelapète.com » de la soirée privée du Salon du livre, qui met corde et vigile à l'entrée pour empêcher tout accès à la plèbe. Quand vous franchirez le saint des saints, les auteurs en vogue auront disparu, mais il restera des petits fours de qualité, votre lot de consolation. Ces petites fêtes se déroulent au printemps et à l'automne. Avec un peu de culot et pas mal d'imagination, vous devriez vous incruster sans trop de difficultés. Parmi ces ambiances et ses univers, il vous reste encore à tester…

La drague de rue

Après une coupe de champagne, pour se donner le courage de l'abordage, regroupez-vous avec une ou deux copines concernées et tendez votre embuscade. Restaurants, stations-service, bars au moment de l'*happy hour*, les occasions fourmillent. La plus dégourdie se dirige vers l'individu concerné tandis que les autres gloussent ou prennent un air inquiet selon les circonstances. Observez l'annulaire gauche des candidats potentiels, vous gagnerez du temps… une fois sur deux ! Quelques exemples :

• Dans un bar : « J'ai parié que vous étiez breton, mais mon amie vous croit vendéen, comme elle. Laquelle d'entre nous a raison ? »

• Dans une file de cinéma : « Mes amies ont parié que vous alliez voir ce film à cause de Pénélope Cruz. Moi je pense que vous avez un faible pour le jeu de Scarlett Johansson. Alors, qui va gagner ? »

• Dans la rue, à un homme seul, en voiture (ne dépassez pas le nombre de deux) : « Vous allez tout droit ? Ça tombe bien, nous aussi ! Cela vous ennuie de nous déposer à la prochaine station de taxi ? »

• Dans l'escalator qui mène au musée du centre George Pompidou, Marianne, 38 ans, entend Xavier, 45 ans, dire à son rejeton de 20 ans qui l'accompagne : « Nos chefs d'État aiment bien laisser leur nom à la postérité. Mitterrand a construit la Très Grande Bibliothèque. Pour Chirac, je ne sais pas… Je pense que les arts primitifs, ça lui irait bien… » Marianne confirme, Xavier renchérit. Ils se croisent devant quelques toiles, elle sourit, il répond. Ils repartent comme par hasard au même moment et descendent ensemble. Tandis que le fils va rejoindre des amis, Xavier invite Marianne à commenter l'expo autour d'un café. En réalité, Marianne avait repéré Xavier dès le parvis de Beaubourg. Heureusement, ils se rendaient au même endroit. Elle ne l'a pas lâché dans le musée. Il n'a rien vu, tout lui a paru naturel. Marianne entretient depuis dix ans le mythe fondateur de ce couple : le jour où le hasard les a mis sur la route l'un de l'autre.

L'air terrorisé de certains s'explique par la présence de leur officielle dans les parages. D'où l'importance de l'observation du terrain avant de passer à l'action. Au pis, il coince ? Et alors, vous ne vous êtes pas investie, il s'agit juste d'un jeu. Partez d'un grand éclat de rire avant de vous diriger vers le prochain. Cela signifie simplement qu'il n'est pas disponible (préoccupé par une récente séparation, déjà amoureux), ou que vous ne lui convenez pas. Comme vous le savez (voir étapes 1 et 2), le sentiment de rejet réactive d'autres blessures, plus anciennes… Alors ne sombrez pas dans le doute complaisant et ses remugles nostalgiques, vous bloqueriez votre bel élan pour quelques semaines. Rappelez-vous vos réussites. Recentrez-vous sur votre projet : trouver une âme sœur. Des hommes peu sexy à votre goût vous accosteront de la même façon, et vous ne donnerez pas suite jusqu'au jour où… Acceptez ce qui est, ne fantasmez pas sur ce qui aurait pu être si…

En règle générale, l'aventure vous tend les bras, dans le TGV, le charter vers les îles grecques ou dans la file d'attente de votre boulanger le dimanche matin. La clé de la rencontre, c'est d'être disponible en permanence et de ne pas regarder les trains passer. Combien se sont mordu les doigts de ne pas avoir été plus réactives quand une opportunité se présentait ! Le nombre d'annonces dans *Libération* en témoigne : « Samedi 17h00, entre Odéon et Montparnasse, caban bleu, écharpe rouge, vous n'avez cessé de me regarder. Vous êtes descendu trop vite, appelez-moi. » Un peu de culot, une bonne solidarité entre filles si vous pratiquez en bande et le sens de l'humour ouvrent des portes inimaginables. Les hommes ne détestent pas être approchés. Souvent timides, il ne leur vient pas forcément à l'idée de faire le premier pas. Ils se sentent flattés et répondent en général par un grand sourire, pour commencer. La suite, bien sûr, c'est à vous de l'écrire.

Au cas où vos fidèles alliées ne vous suivraient pas, prenez-vous par la main et jouez-la en solo.

Grève des bus, 17h30 : l'enfer pour rentrer chez soi. Une 305 vert bouteille pile au feu rouge. Micheline, la maturité

affirmée, tout sourire, se penche à la fenêtre, et Marc lui dit :
« Ok, je fais un crochet et je vous dépose chez vous. » Six
mois plus tard, ils partent trois semaines en Californie : qui
l'eût cru ? Comme quoi, la ville regorge de promesses pour
celles qui ne marchent pas les yeux baissés.

Vous êtes maintenant prête à oser la drague en terrasse.

La drague en terrasse

L'homme est un « chasseur ». Donnez-lui l'illusion qu'il
mène la danse, même si vous lui dictez les pas. Ne lui
refusez surtout pas le plaisir de vous inviter. Il prouve ainsi
qu'il maîtrise la suite des événements. Mettez vos atouts en
valeur (voir étape 4). Si vous vous sentez belle, vous rayon-
nerez. Malgré tout, ne négligez pas le fait que vous pouvez
rentrer bredouille. Comme à chaque fois que le doute
pointe respirez un bon coup, retrouvez la zen attitude et
tournez la page.

Installez-vous si possible à proximité d'une table libre. La
nature a horreur du vide. Peut-être votre future conquête s'y
assiéra-t-elle ? Patience, tôt ou tard, quelque chose va se passer. N'abordez jamais un homme frontalement. Laissez traîner des indices pour l'aider à entrer en contact avec vous :
programme des cinémas, briquet, journaux, animal, grigri,
au choix ! Sirotez nonchalamment votre breuvage. Puis mor-
dillez vos lunettes de soleil, de vue, ou votre stylo, l'air inspiré. Regardez les gens passer, faites simple, montrez-vous
disponible, le visage ouvert… Sortez vos antennes, identifiez

les récepteurs «exploitables». Choisissez l'heureux élu et captez son attention. Profitez d'une situation extérieure (chanteurs, comiques, scènes de rue) pour échanger avec lui un regard plein de connivence. Souriez pour créer une complicité. S'il répond, vous êtes nominée. S'il récidive, l'oscar est à vous... Enfin presque ! Pour valider son intérêt, mettez-vous légèrement en retrait et laissez-le venir. Il a suffisamment d'éléments pour vous accoster naturellement.

Vous devinez qu'il voudrait bien mais n'ose pas ? Rangez lentement, et une à une, vos petites affaires. Laissez-lui ressentir, en douceur, l'imminence de votre départ. Encouragez-le en lé regardant timidement de temps en temps et continuez à sourire. Il est sur le point de plonger ! Dans le cas où il ne recevrait pas votre message, pas de doute, vous êtes tombée sur un «super coincé» ou vous n'êtes pas son genre, ou il attend son égérie... Changez de terrasse et recommencez.

Quand vous serez devenue une pro des terrasses d'été, attaquez-vous au zinc d'hiver : vous emballerez le contact avec une aisance redoutable. Grâce à ce récapitulatif, vous devriez improviser aisément et faire fructifier votre capital rencontres. Pour certaines, cependant, draguer relève de l'impossible. La peur du rejet paralyse et gèle toute initiative. Échapper à l'inconfort de cette situation passe par la pratique de services «intermédiaires». Ils permettent de se trouver face à l'autre, sans subir les aléas du direct.

Les petites annonces

Selon votre éducation et votre sensibilité, vous n'aurez que l'embarras du choix avec un minimum de stress : *Le Nouvel Observateur*, *Le Chasseur français*, la *Centrale des particuliers*, les journaux spécialisés (*Quotidien du médecin*, *Golf magazine*, *Fusac*…), les gratuits, les grands quotidiens régionaux, etc.

Répondre vous rend dépendante. Au départ, testez le système avec quelques lettres pour vous habituer en douceur. Très vite, perdue au milieu de la cinquantaine de « femmes très féminines, très séduisantes » qui lui ont écrit, vous comprendrez que passer votre propre annonce apporte beaucoup d'avantages. Éliminez ceux qui proposent des boîtes postales ou uniquement un numéro professionnel pour les contacter, répondent sur dix pages, parlent, au choix, de leur chien, de leur psy ou de leur ex. Fuyez les lettres pleines de fautes d'orthographe ou à l'écriture sinusoïdale, les cartes de visite trop succinctes et les photocopies. En fin de parcours, il reste une petite dizaine d'élus. Téléphonez-leur tranquillement le soir, de chez vous, de préférence sur leur numéro de fixe. Effectuez alors un second tri : méfiez-vous de ceux qui branchent leur répondeur en permanence, qui n'ont rien à dire, ou dont le tempérament ne stimule pas votre intérêt. Vous n'êtes pas obligée de fantasmer sur une voix avec laquelle vous aurez passé quelques heures, même si vous délirez à l'écoute la description. Attention aux déceptions ; si ces inconnus paraissent passionnants au téléphone, leur apparence ne correspond pas forcément à ce qu'ils prétendent ou à la photo envoyée. Ils se prennent en effet pour Leonardo Di Caprio dès que leurs yeux tendent vers le bleu, pour Zidane parce qu'ils naissent de l'autre côté de la Méditerranée et pour Tom Cruise quand ils mesurent moins de 1,72 m. Certains maîtrisent la technique des annonces avec un art consommé, proche de la perversion. À vous d'apprendre à décoder les missives entre les lignes.

Décortiquons l'annonce suivante parue une dizaine de fois dans un hebdomadaire national :

> *PDG, 40 ans, sympathique, svelte, optimiste, tendre, sens de l'humour, cultivé, sans allergie au mariage, désire rencontrer très belle JF possédant de réelles qualités de cœur, aimant ce qui précède plus la sécurité affective et matérielle. Un détail, je suis milliardaire, mais j'ai suffisamment de personnalité pour que, même si vous ne veniez que pour l'argent, vous finissiez par l'oublier et me le faire oublier. Photo indispensable. Merci.*

Qu'en déduisez-vous ? Notre homme promet ce que la plupart des femmes attendent : argent, sécurité, amour, mariage. De quoi en attirer plus d'une ! De surcroît, il n'entre pas dans les précisions. Jouvencelle ou femme mûre, planche à pain ou formes plantureuses, célibataire primipare ou divorcée et mère de quatre enfants, toutes peuvent tenter leur chance. À condition de se reconnaître comme « très belles », ce qui reste éminemment subjectif. Une seule exigence, la photo. Comprendre : « Allez-y mes cocotes, envoyez moi vos petits visages d'anges, déployez tous vos charmes pour vous attirer mes faveurs et que la meilleure gagne ! »

L'auteur de ce texte utilise les ressorts prétendument universels de la séduction : l'aisance matérielle, l'humour, la responsabilité, la sécurité, la sensibilité, l'aptitude à manier le paradoxe. Avec de tels arguments, nul doute quant à la réussite de ce marketing. Il s'agit à proprement parler de manipulation. Ce fin connaisseur répond aux demandes archaïques de l'espèce humaine (besoin de sécurité) selon des normes si générales qu'aucune femme ne peut manquer de se sentir concernée. Il incarne l'archétype de l'homme idéalisé : dans cette période d'angoisse et de défection des liens sociaux, une telle promesse suscite sans doute une profusion de réponses.

Au fond, si vous vous voyez « bien sous tous rapports » et si vous êtes prête à passer une annonce ou à répondre, il existe forcément un alter ego qui, comme vous, a les mêmes motivations, la même honnêteté et les mêmes désirs. Ce ne sera peut-être pas le premier, mais sûrement l'un des suivants. Vous vous découvrirez au fil des rencontres et vous cheminerez sur ce qui n'est pas la plus ingrate des routes : la route du cœur...

Les conseils relationnels

Si vous avez peu de temps ou éprouvez des difficultés à vous lancer, faites appel aux entreprises en conseils relationnels. Choisissez bien votre structure : agences matrimoniales et autres intermédiaires de rencontres pullulent encore, malgré le succès d'Internet qui en a achevé les trois quarts. Elles prennent différentes formes : sérieuses, légères, à tendance fun, BCBG, internationales, spécialisées sur votre région, votre religion, exotiques (plus pour les hommes).

Les responsables offrent l'avantage de connaître les hommes dont elles parlent. En principe, elles ne mentent pas sur les centimètres ni sur l'état civil. Elles tentent de rester objectives, apportent leurs impressions personnelles et justifient les raisons de leur choix. Elles donnent le *feed-back* de l'autre, détenant ainsi des informations que vous n'obtiendriez pas forcément dans un contexte traditionnel. Elles vous prennent en charge et vous aident à bien optimiser les premiers contacts. Le cas échéant, elles tiennent compte de vos perceptions et ciblent un nouveau profil. Sauf que… elles ne vous présenteront pas les sublimes héros qui peuplent votre ville parce qu'ils n'auront pas eu l'idée géniale de s'inscrire dans leur cabinet. De surcroît, les patronnes — car vous aurez affaire le plus souvent à des femmes — se montrent de mauvaise foi. Elles peuvent vous laisser entendre, pas toujours avec diplomatie, qu'en perdant dix kilos ou en vous immolant sous le bistouri d'un chirurgien esthétique, vous auriez plus de choix.

Catherine a opté pour cette solution. « J'ai tout essayé », assure-t-elle. « Je travaille beaucoup et je n'ai pas de temps à perdre. En plus, avec mes deux enfants, je ne voudrais pas retenir une baby-sitter pour une soirée ratée. Comme je suis très exigeante, je précise le type d'homme qui me fait craquer. Au moins, physiquement, ils correspondent à ce que l'agence a annoncé. Je les appelle et je bois un verre avec eux. Si cela se passe bien, je donne mes coordonnées et, à ce moment-là, je me libère pour dîner. D'après mon expé-

rience, il faut rencontrer pas mal d'hommes avant d'être troublée, alors autant les sélectionner. »

Le gros problème des agences dites sérieuses réside dans le recrutement. Une majorité de femmes, environ 70 % (le nombre augmente fortement après 40 ans), d'un niveau socio-culturel honnête ou élevé, recherche toutes le même type d'homme. En face, les plus jeunes, ouvriers ou simples employés, désespérés par leur solitude, inhibés ou mal remis d'un divorce, ne répondent pas aux attentes de secrétaires pomponnées qui prennent des cours du soir ou de chefs de rayon ambitieuses. Quant aux autres, pour peu qu'ils possèdent charme, allure et consistance financière, ils n'auront que l'embarras du choix, au point d'exiger un contact plus jeune. Cette vision surannée concerne évidemment les représentants d'un petit microcosme et ne correspond pas à la réalité du marché.

Paradoxalement, les « clientes satisfaites » ne seront pas les plus jeunes, les plus jolies, mais les plus accueillantes, les plus réceptives, les plus douces. Les hommes prêts à partager une tranche de vie importante, la dernière peut-être, ne s'embarrasseront certainement pas d'une pimbêche. Parce qu'elle aura payé une somme trop importante pour se contenter de bonnes paroles et de tests de personnalité, cette dernière réclamera la perfection sinon rien, quitte à harceler l'agence et à la traîner devant les tribunaux.

Rencontrer l'amour grâce à Internet et aux réseaux communautaires (Facebook, Twitter, etc.)

Vous utilisez Internet uniquement pour réserver des billets de train, d'avion, chercher une adresse, lire la presse, choisir un film, une pièce de théâtre, consulter un site ? Voilà un usage bien attristant pour cet outil remarquable grâce auquel des millions de femmes par le monde ont rencontré l'amour. Auparavant, elles ont consulté chaque jour leur « boîte aux lettres » et dialogué quelquefois en direct les soirs de blues. Pourtant, bien que la méthode appartienne à notre quotidien, cela sent encore le soufre, allez savoir pourquoi. Ce qui pose problème ne se résume pas à la rencontre en ligne, mais à l'usage qu'on en fait, en d'autres termes l'éthique avec laquelle on utilise l'outil. Si vous êtes claire dans votre cœur, à l'écoute de vos désirs et sensible à l'autre, Internet, loin de se réduire aux hommes vicieux, apparaît comme l'un des médias les plus fantastiques jamais inventés. Soit vous vous offusquez et vous regrettez le papier pur vélin et la plume d'oie (cela peut se comprendre), soit vous vivez au rythme de votre siècle et vous faites tomber vos fausses réticences, vos croyances… sans pour autant brader votre moral(e) : halte à la confusion !

Vous y passerez du temps, sachez-le. Mais vous aurez l'opportunité de croiser des hommes que vous n'auriez jamais rencontrés dans la vraie vie ; vous n'auriez même jamais imaginé leur existence. Dans l'absolu, ces derniers sont toujours surreprésentés, vous n'aurez qu'à vous pencher pour les cueillir. À les écouter, ils semblent tous « Topclass, Beau gosse, Highlevel, Séduisantdepaname, Jet-Set, cultivé, etc. ». Attention, certains poursuivent, à quelques nuances près, un seul objectif : vous joindre au téléphone, vous voir, enfin, vous croquer toute crue. Vous pourriez sortir tous les soirs si vous le souhaitiez, au risque de vous perdre et de prendre du poids (alcool, dîners). Contentez-vous d'un verre pour commencer. N'omettez pas de tester leur **motivation** au téléphone. En dehors du toubib célibataire qui s'occupe lui-même de sa maman malade et du séducteur patenté, il existe des hommes animés des mêmes intentions que vous.

Marina ne jure plus que par Internet : « Au début, j'ai cru devenir folle, tant tout allait très vite. Maintenant, j'ai l'habitude. J'interprète immédiatement le contenu des messages reçus. Par exemple, quand ils me demandent si je suis libre ce soir et pas un autre, il y a de fortes chances pour que leur compagne se soit exceptionnellement absentée. En précisant que je cherche un homme libre et que je ne souhaite pas d'aventure, je rencontre des types très bien. »

Marina aligne ses comportements sur ses propos. Elle ignore que ses consœurs, bien qu'elles tiennent un discours similaire, s'expriment directement à travers leur corps. Ainsi, pour la plupart des profils masculins, « Je ne cherche pas l'aventure » signifie : « Je couche le soir même ». Ils s'habituent donc à câliner dès le premier rendez-vous et tombent des nues quand leur invitée se refuse. Cette facilité à entrer dans l'intime crée des règles implicites qui changent la donne. Les femmes n'osent plus dire non de peur de passer pour des mijaurées. Les hommes profitent de leur positionnement « libéré » et s'en désintéressent rapidement. Après quelques péripéties, elles deviennent cyniques, mais continuent. Pas une seconde elles ne mettent en cause leur attitude. « On » leur a tant dit qu'il fallait assumer leur sexualité qu'elles s'offrent au premier rendez-vous quasi systématiquement, en espérant que peut-être, cette fois, il tombera en amour au matin. Déphasés, blasés, ils espèrent de leur côté, qu'une magicienne leur redonnera « l'envie d'avoir envie ». Parfois, au milieu de cette avalanche de pulsions, un texte lyrique surgit : tournure élégante, image évocatrice, personnalité dense, invitation à vivre une relation différente. Ces poètes-là savent parler aux femmes. Ils méritent le détour. Sauf s'ils en font trop ou se prennent pour Prévert.

Ainsi l'annonce de Martin, 36 ans, sort du lot. Son projet : « J'aimerais marcher avec vous au milieu des feuilles mortes, courir sous la pluie, écouter une sonate de Brahms, boire une piña colada, vous prendre par la taille, respirer votre épaule parfumée. À quand notre première rencontre ? »

Au départ, Martin n'y croyait pas. Le Net ne permet pas les engagements durables, songeait-il en gagnant le petit café derrière la mairie. Et puis Anne, 30 ans tout rond, un enfant, est arrivée. Consistante et vive, elle le trouble en une demi-heure. Elle assure avec un brin de folie. Il la rappelle. Un premier dîner, un deuxième, une balade, un ciné, il prend son temps. Elle aussi. Au bout d'un mois de fréquen-

tation, ils s'aiment, se le disent et le vivent. Six mois plus tard, ils emménagent avec l'enfant, le chien et le piano.

Mesdames, mesdemoiselles, présentez-vous de manière à donner envie, soignez votre description : drôle, vivante, sereine, dénuée d'ambigüité, privilégiez l'authenticité. Ne vous inventez pas une grand-mère américaine ou un passé d'espionne. Imaginez que vous tombiez sur une âme sœur, vous auriez l'air malin ! Par ailleurs, ne vous surestimez pas. Évitez de vous identifier à Michelle Pfeiffer à la première conjonctivite[1], de vous prendre pour le sosie de Naomie Campbell parce que du sang antillais circule dans vos veines et de vous décrire comme la pulpeuse Marilyn si vous officiez dans le genre enveloppé. Un nombre impressionnant de sites détaillent les pièges à éviter, donnent des conseils avisés pour s'organiser, instruisent les plus naïves pour se dépêtrer dans cette jungle. L'étape suivante passe par la lecture de livres autobiographiques ou de blogs qui dévoilent les coulisses des comportements des membres. Toute l'expertise de ce voyage sur la Toile gît là, sur ces quelques supports.

---

1. La beauté des yeux de cette actrice vient d'une conjonctivite récurrente...

Quelques sites « éclairants »

http://chroniquedunevieamoureusemouvementee.blogspot.com
www.datingwatch.org
www.vingtenaires.com
http://kaching.over-blog.com
www.saskiablog.fr
http://salaudmalgrelui.blogspot.com
http://cestpasmafaute.cowblog.fr
http//larouquine.canalblog.com
http://lanouvelletrentenaire.blogspot.com
www.whereistheone.com/article-3687542.html
www.drague-internet.com

Quelques exemples d'annonces avec leurs commentaires

Lisez l'annonce de Jessica, 28 ans, et celle de Natty, 40 ans. Elles cristallisent les stéréotypes des fiches féminines. Elles révèlent des attitudes fréquentes chez les hommes, sous-tendues par des motivations parfois douteuses : pas romantique mais instructif. Visiblement, leurs expériences sur la Toile les ont marquées, voire abîmées. La première dégage une agressivité qui aspire l'énergie du lecteur. Elle se prend pour une princesse, demande des qualités dont elle semble dépourvue (tolérance, générosité). Les deux insistent

228

sur ce qu'elles « haïssent » au lieu d'exprimer ce qu'elles veulent. Croyez-vous qu'un homme tel qu'elles le rêvent pourrait leur répondre ? Outre leur exigence, il ne leur manque plus que le rouleau à pâtisserie.

Annonce de Jessica

Petite leçon de séduction…
Pour attirer mon attention, savoir me flatter, m'intéresser, me charmer voire me séduire, tu devras :
– habiter Paris et dans mon coin, de préférence ;
– t'accorder un minimum de temps et te donner les moyens de faire LA rencontre, à commencer par lire avant tout mon annonce jusqu'au bout, et être dispo pour se découvrir, passer au réel et quitter le Net enfin !
– être réellement célib, pas divorcé et encore moins marié ou papa par pitié ! J'ai déjà assez de soucis comme ça pour le moment…
– être séparé depuis assez de temps pour avoir bien rayé au marqueur noir ton ex et jeté ton vieux répertoire d'ex « bouche-trou » ;
– croire encore en l'amour sinon erreur de clic allez pleurnicher ou vous défouler ailleurs, vous êtes pathétiques…
– vouloir une belle histoire forte et durable, savoir assumer ses sentiments, être motivé et investi, avoir les pieds sur terre tout en sachant rêver un peu…
– avoir au moins 2 photos en ligne qui te ressemblent, surtout pas bizarres et QUI SOIENT BIEN TOI, que je puisse t'imaginer un minimum objectivement au naturel sans avoir déjà envie de fuir, dont au moins une sans lunettes et une

---

simple en couleur comme dans la vraie vie (et pas avec éclairage studio genre photo « cliché » retouchée par ton cher pote photographe) ; quant au noir et blanc ou à l'effet sombre/lointain voulu pour le côté mystérieux, ok c'est très joli mais c'est surtout trompeur et moi je n'aime pas DU TOUT !!!

– avoir un pseudo pas trop débile (exit les XXL, bien membré, extase et compagnie, ceux-là sont tombés bien bas et me font vraiment pitié…) ;

– avoir rédigé une annonce autre que deux lignes de blabla inutile façon mec qui veut pas s'fouler alors que nous, on se donne du mal pour rien, pfff…

– avoir renseigné son métier (les mecs qui évitent ou contournent la question volontairement, on sait souvent pourquoi, c'est rarement bon signe… Trouver qqn, ça passe par être franc, honnête, bien dans sa peau et fier de son parcours, donc si vous n'assumez pas votre vie => ciao !) ;

– être un minimum bavard, constant, cohérent et logique (ceux qui pètent les plombs subitement sans raison genre grand n'importe quoi, du vent !), savoir faire un pas, le second et les suivants tour à tour sans gêne ni honte, avoir quelque chose à dire, du répondant, du style, et avec un certain romantisme c'est toujours mieux !

… et ainsi de suite sur trois pages. Non, cette annonce n'est pas une plaisanterie. D'autres, identiques, expriment des injonctions contradictoires ou irréalistes. Natty, 40 ans, tient un discours similaire. Elle maîtrise toutefois mieux son style, sans doute la maturité. En matière de recherche amoureuse, l'âge aurait une incidence sur la forme, mais pas sur le fond. Au passage, notez le pseudo qui la positionne en « chose ». Et que reproche-t-elle aux hommes ? De la voir comme une chose sans respecter ses désirs…

Annonce de Natty

Machine bidulette 40 ans.
Attentionnée, sensible, gaie, loyale cherche son alter ego ou son complément, voire les 2 à la fois ! P.S. Ami fumeur, va polluer d'autres poumons que les miens !
J'ai 40 ans. C'est mon VRAI âge, contrairement à pas mal d'entre vous qui semblez frappés d'amnésie concernant leur naissance (amnésie qui vous rajeunit toujours, curieux, non ?). Je souhaite rencontrer quelqu'un de mon âge +/- 5 ans. C'est compliqué à comprendre ? Alors les p'tits jeunes prêts à se taper tout ce qui est encore susceptible de bouger, les vieux beaux en quête de chair fraîche (comparée à eux, consciente qu'à 40 ans je ne suis plus une perdrix de l'année), passez votre chemin, nous éviterons de perdre du temps ! J'habite limite Paris 13e, et n'ai pas du tout envie de passer ma vie dans les transports. Conclusion, les plus futés l'auront déjà compris, si vous résidez en lointaine banlieue ou en province, je ne suis pas candidate au poste à pourvoir à vos côtés ! Je ne suis pas là pour des plans Q d'un soir. Tireurs compulsifs (rarement d'élite, en plus !), frustrés du slip, mecs mariés qui s'ennuient avec Madame… merci d'emprunter la sortie comme vos collègues du dessus. Adeptes des SMS qui n'utilisez que la moitié des touches de votre clavier : nous ne nous entendrons pas si vous êtes aussi paresseux de vos 10 doigts ! Natty

---

Continuons avec Nadège, 56 ans. Son annonce démarre assez bien, mais elle divulgue inconsciemment son indisponibilité (elle est toujours amoureuse de celui qui l'a trahie) et son désespoir dans les dernières lignes. Avec ce deuil inachevé, nul doute que l'âme sœur reste, dans l'immédiat, seulement un concept. Quel homme se sentira à la hauteur pour affronter le spectre de l'ex ? Une fois de plus, elle risque d'attirer un homme qui la trahira…

Bonjour à tous. Je vais être franche et directe, je ne me suis pas inscrite sur ce site pour une simple amourette sans lendemain, mais pour construire une vie amoureuse remplie d'amour, de tendresse et de complicité. Je souhaite trouver l'homme (idéal) qui saura me combler de bonheur, quelqu'un de très sécurisant et, en retour, il ne sera pas déçu de m'avoir trouvée, car je suis très sensuelle, gentille, tendre, affectueuse, et je saurai le couvrir d'amour. On me dit très jolie pour mon âge. Mes enfants sont grands et très indépendants (donc je suis libre). J'en ai assez de la souffrance, des mensonges, etc. J'ai tout donné et tout perdu pour un homme que j'adorais (trahison, et j'en souffre énormément). Si telle n'est pas la description en vous que je recherche, abstenez-vous de prendre contact avec moi. Je veux le VRAI AMOUR TOUT SIMPLEMENT.

Voici maintenant quelques annonces masculines ambivalentes à souhait. Ils savent ce qu'ils veulent – passer de bons moments avec différentes femmes –, mais « vendent » le sérieux de la démarche.

Coucou,
Papa d'une petite fille, je désire partager des moments simples et complices avec légèreté. J'aime boire un café en terrasse, profiter des lueurs du jour, partir en week-end, sortir dans la ville, voyager, savourer un bon plat… et surtout me laisser emporter par une belle histoire. Donnez-moi envie d'avoir envie,
À très bientôt.

Comme vu précédemment, si je te quitte parce que tu ne m'as pas donné envie, ce sera de ta faute. Retenir les mots : « coucou, moment, légèreté, profiter », un champ sémantique qui annonce la couleur. Les voyages et les week-ends sont évoqués seulement pour vous faire rêver. D'abord, vous le suivez dans l'alcôve, ensuite, il avisera.

Tant à partager, complice et tendre, amoureux des êtres différents qui assument leurs contraires je peux être paradoxal, aimer celle qui séduit, fidèle et joueuse, subtile et légère… superficielle et profonde… intello fashion-chic ou provoc… humour et sérieux… parce que chaque heure passée ensemble doit donner envie d'une de plus… et encore une…

Entendez les mots : « joueuse, séduit, provoc, légère, superficielle, une heure (c'est la durée du câlin) ». Le reste constitue l'habillage. Celui-là, sous prétexte de paradoxe, les voudrait toutes.

233

Je travaille à Paris mais je vais souvent dans le Languedoc-Roussillon et me déplace sans difficultés sur toute la France. D'un naturel sportif, j'aime la nature et ses activités variées, mais aussi les plaisirs que procure la ville : restaurant, cinéma… Aussi à l'aise en tenue de ville qu'en jean, je profite de chaque instant de la vie. Les partager les rendrait encore plus beaux. Mais avec qui ? Une femme qui sera ma compagne, ma maîtresse, ma complice, une femme un brin sportive au moins, un brin sexy pas moins, un brin cool de temps en temps, de bonne humeur, sans *a priori*, sans tabous… L'important, c'est d'essayer…. et peut-être…

Au départ, il associe le plaisir au cinéma, à la vie. Très vite, le mot « tabou » nous renseigne. S'y ajoute : « maîtresse » (il en a une dans chaque ville ?), « complice », « sexy », « de temps en temps ». Essayez, avec un peu de chance, il vous retiendra parmi celles… de votre ville !

Bonmomentsplusplus
Cool, pas macho, charmeur appréciant le charme et la féminité, je vous propose un voyage qui peut être intense, pour peu de temps ou pour longtemps. Au clair avec vous-même, vous voulez comme moi entamer une nouvelle vie, en profiter sans rien exclure. Esprit curieux (déformation professionnelle), cultivé (grand amateur de musique classique mais aussi des Beatles, de P. Simon, etc.), j'aime l'ouverture d'esprit, la liberté, la tolérance et le respect, dans tous les aspects de la vie. Bien sûr, puisque c'est obligatoire, j'ai de l'humour lol… Et en plus non fumeur ! À bientôt ? Écrivez-moi.

Le pseudo en dit long, malgré le « plus » répété deux fois. « Charme » (comprendre « séduction ») revient deux fois aussi ! Mots-clés : « profiter, rien exclure, tolérance (laisse-moi avoir des aventures), liberté (quand je veux, si je veux) ». Longtemps, c'est encore l'appât, le seul d'ailleurs. Celui-là aurait pu se fouler davantage.

Quelques conseils pour vous repérer : respirez, centrez-vous, encore et toujours. Souvenez-vous que votre vibration va attirer un être qui résonne sur le même tempo. Les autres ne vous concernent pas, à moins de vouloir vous perdre avec le premier danseur de tango venu. Pour vous positionner dans ces hautes sphères, la seule issue consiste à vous respecter.

Créez votre profil Internet

• Présentez votre fiche de façon positive, sans dire ce dont vous ne voulez pas.

• Évoquez plutôt vos valeurs que les critères physiques souhaités (vous les verrez sur la photo ou dans la description) ou des goûts (galvaudé et subjectif). Pas d'hésitation, dc « peut-être, si le cœur vous en dit, etc ».

• Exprimez désirs et besoins en douceur. Apparaissez comme glamour, sensuelle, de façon indirecte.

• Choisissez un pseudonyme qui vous ressemble, efficace. Dites la vérité. Si vous mentez sur votre âge, votre taille, votre poids, pourquoi ne le ferait-il pas ?

• Oubliez les listes intello-glamour pour initiés du type « J'aime le printemps à Central Park, Faulkner et Alexanderplatz, les ciels de bord de mer, le musée Louisiana au Danemark et le blues, etc. », qui évitent l'essentiel. Tout le monde (ou presque) aime le bon vin, les toiles de maître et les voyages. Que vous préfériez le café au thé n'intéresse personne pour le moment.

• Une photo, sur laquelle vous souriez, complétera le tableau. Vous conviendrez *a priori* à ceux qui vous écrivent. Les autres ne vous encombreront pas. Dans cette logique, s'il ne répond pas à un mail que vous lui aurez envoyé spontanément, il a le droit de ne pas vous trouver à son goût, et oui ! Acceptez-le et continuez, il ne sera pas le dernier.

• Si vous ne mettez pas de photo, vous serez amenée à les solliciter car ils bougeront moins. Proposez dans votre mail de l'envoyer de suite. En cas de non-réponse, vous connaissez la chanson.

• Éliminez sans vergogne les trop et pas assez selon vos critères : petit, grand, corpulent, jeune, âgé, géographie, enfants, état civil, etc. Si vous culpabilisez, préparez un copier coller de remerciements.

• Lisez soigneusement leurs textes entre les lignes.

Sur les sites « usines », vous allez recevoir des dizaines, voire des centaines de messages durant les deux premières semaines ; après ce sera le désert. Au début, vous aurez l'impression d'être entrée dans la caverne d'Ali Baba. Vous déchanterez rapidement, entre ceux qui vous assiègent assidument – malheureusement, ils ne réveillent pas en vous un enthousiasme forcené… – et puis ceux qui, déjà, vous font presque rêver (curieusement, ils paraissent beaucoup moins motivés). Ne parlons pas des véritables stars qui ont visité votre fiche avec condescendance sans jamais vous écrire une ligne.

Les premiers échanges

Quittez rapidement le virtuel. Un échange de mails (cinq maximum) vous conduira au téléphone ou au *chat* de MSN, plus rapide que ceux des sites. Vous observerez ainsi son aisance à l'écrit. Bloquez-le si vous voyez apparaître une photo de lui nu. Fiez-vous à votre instinct, interrompez la conversation si vous vous sentez mal à l'aise, notamment dans les situations suivantes :
– il vous tutoie directement sans vous le proposer (à nuancer selon votre âge et votre style) ;
– il demande des photos supplémentaires, et en particulier de votre silhouette ;
– il pose des questions indiscrètes ou insidieuses ;
– il ne répond pas aux vôtres ;
– il vous entraîne sur la pente savonneuse du sexe.
Si l'écrit tient ses promesses, passez à l'oral. Appelez-le sur son fixe et dissimulez votre numéro. Raccrochez poliment si le projet ou la voix vous déplaisent. Donnez vos coordonnées uniquement si la conversation débouche sur un rendez-vous à court ou moyen terme. Imprimez sa fiche et prenez des notes sur votre ressenti, ce que vous avez échangé, les points importants. Naturellement, ces précautions perdront leur intérêt quand vous vous trouverez face à une âme sœur. En revanche, elles vous protégeront des autres, ceux qui, par manque de conscience, pourraient vous décourager ou vous conduire à renoncer. À l'écrit, à l'oral, *de visu*, partez de la perspective la plus élevée. La

communication doit se dérouler dans la fluidité et la cohérence. Dès que ces points ne figurent pas dans votre échange, lâchez. Si vous résonnez sur des longueurs d'onde compatibles, la conversation coulera. Ne donnez pas suite aux agressifs, à ceux qui vous demandent des comptes. Ne vous justifiez pas. À la moindre sensation de malaise dans votre corps (douleurs dans le dos, gorge serrée, maux de ventre, tensions), écoutez-vous et coupez.

Vous devez obtenir, avec humour et subtilité, deux informations essentielles avant de vous déplacer :

• Est-il vraiment disponible ?

• À quelle sauce peut-il et veut-il vous manger ? En d'autres termes : qu'est-il prêt à vivre ?

Au téléphone, à la fin de l'entretien, tentez, à votre rythme, l'approche suivante, en fonction de ce que vous ressentez : « Tout ce que je vous ai dit est vrai : ma situation matrimoniale, mon âge, taille, poids, nombre d'enfants, etc. Il me semble que commencer une rencontre sous le signe de l'authenticité garantit de bonnes bases, qu'en pensez-vous ? Y aurait-il quelque chose de vous que je découvrirais sur place ou au bout de quelques jours et qui pourrait me mettre mal à l'aise ? » Cette question ne manquera pas de susciter des réactions pour le moins intéressantes.

Vous pouvez aussi préciser avec vos mots : « Je sais que, sur ces sites, tous parlent d'une relation suivie et sérieuse. Je tenais juste à insister sur le fait que je ne me donne pas un genre et que ma démarche est sincère. Cela au cas où vous penseriez que je tiens un discours de forme mais que mes actes affirmeront le contraire… »

• À chaque fois, attendez la réponse. Une fois sur deux, il annule le rendez-vous par texto un peu plus tard.

• Le décalage entre le physique et la voix, malgré la ou les photos, reste d'actualité. Et rien ne permet d'éviter la surprise du chef. Dans tous les cas, malgré une conversation téléphonique consistante (une heure), la rencontre débutera réellement lorsque vous serez l'un en face de l'autre ; vous repartirez alors du point zéro.

• Créez une fiche fantôme qui vous permette de naviguer incognito parmi vos contacts en cas de doute. Décidez entre un profil neutre ou, mieux encore, celui d'Alexandra, la fille des steppes qui, sur le papier, suscitera moult vocations. Vous serez écœurée, quand vous aurez louangé ses jambes magnifiques, de voir rappliquer les stars qui vous snobaient alors même que vous avez omis toute photo.

• Le soir de votre premier rendez-vous, dès que vous rentrez chez vous, vérifiez avec Alexandra si l'homme qui vient de vous embrasser avec des trémolos dans la voix, non seulement ne navigue pas déjà mais encore ne drague pas votre clone de la mer Noire. Dans le premier cas, notez et laissez-lui le bénéfice du doute. Dans le second, vous savez à qui vous avez affaire.

• Un conseil important : ne couchez jamais avant au moins la cinquième rencontre. La plupart du temps, les coquins disparaissent à la seconde, faute de concrétisation. Prencz le temps de le connaître, de l'apprécier, de dépasser les apparences. Découvrez son lieu de vie. S'il refuse de vous inviter chez lui, quel que soit le prétexte (travaux, enfants, grand-mère, copain squatteur), prenez de la distance et expliquez-lui que vous souhaitez vous lier avec un être transparent, qui n'a rien à cacher, comme vous. Partagez des promenades, discutez, racontez-vous vos vies, confiez-lui vos valeurs, vos attentes, entendez les siennes, échangez vos rêves, vos projets. N'ayez pas peur de le perdre si vous dites non. Il argumente, vous traite de ringarde coincée ? Remerciez-le de ses compliments et rentrez chez vous. Naturellement, le flirt n'est pas interdit, pas même la première fois. Attention, une fois vos sens éveillés, ils vous domineront d'autant plus que vous sortez d'un désert sensuel et vous ne parviendrez plus à penser. Vous le contemplerez alors avec des œillères et n'appréhenderez pas le réel programme qu'il vous propose… et qui ne correspond pas forcément au vôtre.

Pour résumer, Internet (sites de rencontre et communautaires confondus) et les méthodes aperçues auparavant, loin d'être exhaustives, contribuent à élargir votre cercle relationnel. Après quelques jours, quelques semaines, vous commencez, enfin, à tenir du concret. Peut-être avez-vous déjà bu un verre avec quelques internautes ? Un certain nombre de prétendants soupirent avec plus ou moins d'intensité. Il s'agit désormais d'effectuer le bon choix pour mener à bien votre plan d'action. N'oubliez pas : les deux premières rencontres vous apportent tous les éléments dont vous avez besoin. Alors, ne perdez pas de vue vos besoins. Écoutez votre interlocuteur, observez-le et, surtout, apprenez à :

Tout savoir sur lui sans qu'il s'en rende compte

Éviter de tomber dans les griffes de manipulateurs ne s'improvise pas. Comment pourriez-vous imaginer que, derrière ce beau visage plein de sensibilité, se dissimule un être maléfique qui a choisi pour bible « Machiavel » en dix volumes ? Comment faire pour qu'il ne vous embarque pas dans ses machinations malgré vous ? Vous n'avez pas l'intention de vous entraîner à pratiquer la stratégie, n'est-ce pas ? Alors, contentez-vous de l'antidote : quelques bonnes questions bien placées pour qu'il se positionne, annonce ses intentions et ne vous chante pas *Ramona* en pensant à Audrey.

Curieusement, bien que beaucoup d'hommes aiment à se mettre en valeur par la parole, ils restent néanmoins vigilants quant aux informations qu'ils distillent. À vous de les cadrer, de ne pas les laisser prendre la tangente : vous éviterez ainsi de vous noyer dans des jeux gratuits. Qu'ils soient sur la réserve et ne versent pas dans des confessions intimes peut se comprendre, vous vous connaissez si peu. En revanche, gare aux informations tronquées, ou délibérément partielles : il s'agit de naviguer entre la curiosité trop féminine et la désinformation masculine souvent subtile.

**Petit mémento de ce que vous avez besoin de savoir
au tout début d'une rencontre**

- Cherche-t-il à construire une histoire ?
- Est-il disponible ?
- Depuis quand cherche-t-il ?
- Croit-il à sa démarche ?
- Pourquoi n'a-t-il pas encore trouvé ?
- Quelle est sa motivation ?
- Quels sont ses critères d'engagement ?
- A-t-il un type de femme préféré ?
- Comment se comporte-t-il lorsqu'il tombe amoureux ?

Pour vous aider à démêler le vrai du faux, à dissocier les discours surfaits de la parole spontanée, à ne pas confondre l'artifice et la sincérité ; bref, pour mieux apprécier ce qu'ils ont derrière la tête, voici quelques questions imparables, à utiliser dans l'ordre ou dans le désordre, en fonction des circonstances et, bien sûr, avec beaucoup de subtilité.

L'abordage

Dès l'instant où il vous aborde dans la rue, à une terrasse de café ou en boîte, il ne pourra jamais prétendre… qu'il a vu la lumière et passait par là ! Tentez de capter le sens de sa démarche. Plutôt que de lui servir l'éternelle question : « Vous branchez souvent les inconnues dans les lieux publics ? », demandez-lui : « À quoi pensiez-vous quand vous avez décidé d'entrer en contact avec moi ? » S'il répond : « Que je vous trouvais séduisante, désirable, canon, délicieuse ! », alors vous connaîtrez son premier critère !

Dans un contexte de *Blind date* (rendez-vous aveugle, littéralement, avec une personne jamais vue, malgré la photo), essayez : « Qu'est-ce qui vous a donné envie, à la lecture de ma fiche, de me contacter ? » ou : « Qu'est-ce qui vous a donné envie de passer du téléphone à la vraie vie ? » Entre « Vous avez une voix rauque, sensuelle, j'aime ça » et « Vous avez une voix pleine de vie », à vous de faire le tri.

L'objectif ? Écarter ceux qui veulent faire un câlin si vous n'avez pas l'âme d'un nounours, repousser celui qui vous prend pour un distributeur de plaisir, vous émouvoir sur celui qui bafouille dans son trouble des mots entrecoupés de silences éloquents, aguicher celui qui se révèle un adepte des jeux de séduction imprévus et originaux. Vous avez établi le contact ; à présent, il ne vous reste plus qu'à resserrer les mailles du filet et identifier sa réelle motivation.

Depuis quand cherche-t-il ?

Corinne, vingt ans d'expérience en conseil relationnel, raconte : « Une fois sur deux, le client qui a trouvé une partenaire qui lui correspond ne peut s'empêcher de demander d'autres contacts : au-delà de l'amortissement de son adhésion, il veut être sûr de ne pas passer à côté d'une âme sœur !

Or, s'il était touché par la grâce, il ne s'interrogerait pas. »
Pense-t-il à la précédente, la « Cruella » cachée, pour laquelle
il se damne encore ? Elle lui en a fait voir de toutes les
couleurs. Intellectuellement, il sait qu'ils ne peuvent grandir
ensemble, mais son cœur appartient totalement à cette
tigresse. Généralement, il dissimule son existence. Il parle
aisément de la mère des enfants, de quelques liaisons longues
pour nourrir l'appétit de son interrogatrice. Il espère
l'oublier en tombant amoureux d'une autre. Et c'est là que
vous intervenez… Parfois, aucune panthère n'apparaît dans
son paysage, quel repos ! Peut-être fantasme-t-il sur une
figure idéale sans avoir compris que tout se joue dans la
relation et non pas sur la construction d'un portrait-robot ?
Ce comportement, accentué sur le Net, pose un véritable
problème aux hommes.

*Simon, 38 ans, connaît cette ambivalence. Répéter encore
et toujours le même scénario, sortir (beaucoup), rencontrer,
être choisi ou rejeté, démarrer la liaison, y croire, s'ajuster
pour se réveiller quelques mois ou quelques années plus tard
dans la compréhension soudaine d'un malentendu, l'a usé. Il
sait le temps de l'autoflagellation, après… Pourquoi, aveuglé
par l'effet hormonal tant clamé par les neurosciences, a-t-il
occulté les signes avant-coureurs qui surgissent en rafale dans
les premiers moments ?*

*Désormais, il ne veut plus se tromper. Ce parcours du
combattant l'ennuie. Il a regroupé une dizaine de critères et
le voilà qui coche des cases. Marie, 34 ans, lui plaît bien, mais
il a repéré une petite nouvelle sur un site, « Déessecallipyge »,*

qui mesure dix centimètres de plus et lui rappelle sa première petite amie. S'il sort avec Marie, il manquera de latitude pour entreprendre sa beauté exotique. En définitive, il séduit Marie, lui parle de son désir d'engagement bien réel, flirte et ne la rappelle pas. Entre-temps, « Déessecallipyge » n'a jamais répondu au téléphone ou a cessé de visiter sa fiche. Quand il se pointe auprès de Marie, il tombe à son tour sur un répondeur, car cette dernière, dégoûtée car Simon l'affriandait, a lu Draguer en ligne, Le Guide des rencontres sur Internet[1]. Bien que ce mode d'emploi à l'américaine l'ait choquée, elle a compris que, pour ne pas être un numéro parmi d'autres, elle devait tenir la dragée haute à tous ces trentenaires blasés. Le plus fou, c'est que ça a marché : « J'étais vraiment triste, j'ai adoré Simon dès que je l'ai vu. Il me touchait. Si je n'avais pas lu ce livre, j'aurais foncé et couché avec lui, trop contente. Au début, dépitée, j'ai voulu me venger, je l'avoue. J'ai mis en pratique les conseils du guide pour rigoler. J'ai envoyé un texto 48 heures après son message. Il rappelait dans la seconde. J'ai accepté de le voir une semaine plus tard. Cette fois-ci, je ne l'ai pas embrassé. J'ai appliqué leurs règles à la "mords-moi le nœud". Bon, je les ai un peu adaptées à la France, quand même, on est des Latins. À ma grande surprise, il m'a trouvée spéciale, intéressante. Quand j'ai compris qu'il craquait vraiment, j'ai baissé la garde et ça l'a rendu encore plus fou d'amour. Je pense au nombre de fois où j'ai joué le rôle de la fille libérée pour ne pas montrer que j'étais remuée, que de temps perdu ! Pour finir, au bout d'un an, Simon m'a proposé de m'installer chez lui et il parle d'enfant. »

---

1. Ellen Fein et Sherrie Schneider, Éditions de l'Homme, 2004.

Revenons au rêve secret de beaucoup d'hommes : celle qui changera leur vie. Pour savoir depuis combien de temps il la cherche, dites-lui : « Je n'aime que les histoires fortes. Parlez-moi de la dernière que vous avez vécue… » Commencez à scanner : c'était quand ? Comment a-t-il fonctionné depuis ? S'en est-il remis ? Restez à l'affût des incohérences, interrogez-le finement.

Une fois de plus, cette anecdote montre l'importance d'être dans la justesse : quelle issue entre éliminer trop rapidement ou espérer trop longtemps. « Si vous aviez le choix, comment, idéalement, auriez-vous aimé me rencontrer ? » Cette autre question vous permet de tester l'étendue de ses représentations, de ses tabous, et de vérifier sa capacité à assumer une démarche… qu'il a entreprise de lui-même, ne l'oubliez pas. S'il assume, pour lui, les rencontres en ligne ne sont pas simplement une écumoire de sexe mais un moyen comme un autre d'aller vers la femme. Prenez garde à ceux qui se gaussent : « C'est sympa de se voir par ce biais, mais la femme de ma vie sur un site de rencontre, ah, ah, c'est impossible… » Au passage, la traduction des propos de votre cyber-soupirant s'impose : « Tu es assez bien pour un quatre-heures coquin mais, compte tenu du lieu où je t'ai pêchée, je ne pourrai jamais m'engager vraiment. »

S'il répond : « Chez des amis », il n'assume pas non plus. Comment va-t-il investir la femme rencontrée par ce biais ? Peut-il, à terme, la valider ou la considère-t-il déjà comme un des maillons de son parcours amoureux ? À vous de lui montrer qu'il n'y a pas de honte à utiliser des moyens créés par des gens, même moyennant finance, pour aider les autres.

Battez le fer tant qu'il est chaud et passez à la question

subsidiaire : « Si jusqu'à présent vous n'avez pas trouvé une âme sœur par cette méthode, pourquoi persévérez-vous dans la même voie ? » Le collectionneur a-t-il intérêt à vous révéler que cette méthode facilite les aventures ? Le malchanceux, lui, a tout faux jusqu'à présent. Les femmes mentaient au téléphone sur leur âge, leur physique, leur silhouette, leur situation personnelle, leur profession, bref la totale ! Il passe son temps à vous expliquer qu'il n'y est pour rien, que plusieurs fois « ça a failli marcher », en clair qu'il a fait le maximum mais que ça ne dépendait pas de lui ? Alors vous voilà face à un empoté, un pleutre au sang de navet qui, bien entendu, vous racontera ensuite des exploits homériques.

Donc, a-t-il vraiment envie d'aller vers l'autre, ce cœur d'amour ? Il se donne bonne conscience, semble chercher, fait des rencontres et ne s'implique pas vraiment dans la démarche. Ses peurs déterminent peut-être des motivations que vous auriez intérêt à mieux connaître : « Qu'est-ce qui compte le plus pour vous dans une relation avec une femme ? » Ce qui l'intéresse d'abord, c'est :

– ne pas être seul ?

– fonder une famille ?

– partager avec une partenaire ses soucis quotidiens de travail ?

– partager des événements comme les vacances, le mariage de la meilleure amie, un voyage organisé avec votre entreprise, faire de la plongée sous-marine ensemble, rénover des meubles anciens ?

En fonction de ses réponses, vous comprendrez si, pour lui, le plus important c'est d'abord d'avoir des choses (acheter une maison pour faire des enfants, un bateau pour partir en vacances avec vous), d'être un individu en relation avec d'autres personnes (être un mari au fourneau, un bricoleur amoureux des meubles vermoulus que sa femme achète…), de se livrer à des activités (installer une mezzanine pour la sieste avec vous, faire de la moto tous les dimanches…) ou encore de partager des sensations, des émotions (retrouver le calme en pêchant chaque samedi à l'aube, être cool avec vous dans des plans couette-télé…).

S'il se préoccupe de ce qu'il va mettre en place et concrétiser alors que vous, vous préférez être une mère de famille à l'écoute de votre sensibilité, vous comprendrez que sa motivation n'est pas au diapason de la vôtre. Il restera donc à trouver des objectifs communs pour que la motivation de chacun puisse exister. Sinon, préparez-vous aux remarques un peu acidulées, puis aux critiques ; ensuite débouleront les reproches et, enfin, les scènes de ménage.

Est-il prêt à construire ?

Maintenant que vous êtes partie, continuez et osez : « Qu'est-ce qui vous empêcherait de vous engager ou qu'est-ce qui vous donnerait envie de vous engager ? » Certains hommes imaginent leur engagement dans une relation avec une femme à partir de ce qu'ils veulent éviter. C'est le cas de Jean-François, 45 ans, divorcé. Père de deux enfants, il s'engage à condition que Céline ne soit pas célibataire, pas stérile et pas fonctionnaire ! Portrait en négatif de la femme qu'il souhaite : cela ne signifie pas qu'il ne l'aimera pas avec passion. En face, nous trouvons Jacky, divorcé, 38 ans. Il s'engagera avec Nathalie si elle est divorcée ; si, malgré ses 35 ans, elle veut encore d'autres enfants et si elle consent à changer d'emploi, de région, voire de métier ! Il dessine un portrait en positif de la femme désirée. Le résultat est le même : l'un et l'autre soupirent après l'implication sauf que le premier, Jean-François, commence par imaginer ce qu'il doit éviter pour s'engager avec Céline, tandis que Jacky se donne spontanément des objectifs formulés positivement, des enjeux praticables pour des gens qui vont de l'avant comme lui.

Jean-François porte une écharpe pour éviter de s'enrhumer l'hiver ; Jacky choisit une écharpe de couleur vive pour attirer les regards et séduire. Le résultat reste toujours le même dans les deux situations choisies : ils veulent aimer une femme, mettre une écharpe pour aller au bureau. Mais ils sont programmés à l'inverse l'un de l'autre.

Comment vous positionner ? Vous devez trouver la formulation qui convient pour les caresser dans le sens du poil. Sachez par ailleurs que vivre avec un homme qui ne voit d'emblée que les obstacles à éviter s'avérera difficile pour vous, une fonceuse incurable, et inversement. Si vous êtes plutôt le genre petite femme gracile qui se brise en deux quand le vent souffle trop fort, vous avez aussi tendance à calculer d'abord les risques dans votre vie… Mais lui, le motard invétéré, ne supportera pas toujours vos atermoiements.

De plus, l'engagement dépend aussi des critères personnels de chacun. Ainsi Christophe souhaite une femme plus jeune que lui, sans enfants, plutôt douce et en retrait. Si vous personnifiez le style « Calamity Jane », forte tête qui élève seule ses trois enfants, passez votre chemin. Pierre, lui, privilégie plus un système de valeurs : l'honnêteté (ne pas mentir), la fidélité (une femme et aucune autre), le goût de l'aventure (il faut que ça bouge), le refus d'une programmation trop rigide par avance (« la vie ne se laisse pas réduire à des petits plans bourgeois »). Ce qu'il attend d'elle ? Qu'elle développe des projets personnels, respecte l'identité de l'autre, fonctionne de façon autonome, présente un aspect hors norme, qu'elle soit féminine et pleine d'humour, parle et s'implique dans ses idées. Si notre « Calamity Jane » envisage de postuler, la douce Claudie, une gentille fille qui correspondrait aux critères de Christophe, peut, elle, changer de trottoir.

Physiquement, vous plaît-il ?

Nous n'avons pas encore parlé des critères physiques, un sujet délicat à propos duquel les hommes s'expriment pourtant facilement. Prête ? Allez-y : « Si vous aviez le choix, vers quel genre de femme iriez-vous ? » Le profil standard n'a pas de prototype dans la tête, pas d'*a priori*. Il l'aimerait féminine, agréable, avec une personnalité qui corresponde à ses critères. Vous avez toutes vos chances, mais ne pourrait-il pas préciser ? Le profil répandu n'a pas, dans l'absolu, d'idées préconçues, mais si elle est fine, pas trop petite avec de jolies jambes et de longs cheveux qu'elle secoue sensuellement, c'est mieux ! Ne le jugez pas trop vite, il est déjà tombé amoureux d'une petite boule coiffée à la Jean Seberg, qui pétillait d'humour et d'intelligence. Il faut comprendre que si vous avez un bac + 5 (grande école bienvenue) et que vous tutoyez Woody Allen, votre physique ordinaire passera. Les autres, intéressez-vous au premier cas. Le profil en voie de développement a une idée dans la tête et rien ne le fera changer d'avis : petite blonde pulpeuse ou grande brune longiligne, nez en trompette et tâches de rousseur ou profil grec et visage hiératique, peu importe le flacon pourvu que vous correspondicz au parfum qu'il aime.

Quel amoureux est-il ?

Pour finir, essayez : « Comment vous comportez-vous quand vous êtes amoureux ? »

Pour Laurent, 39 ans, c'est simple. Il perd cinq kilos, ne dort plus. Il téléphone dix fois par jour, présente l'élue à sa mère et délire sur le nombre d'enfants désirés. Ce qu'il oublie de préciser, c'est que ladite mère, complice de toujours, a déjà rencontré une vingtaine de jeunes femmes : elles se sont toutes sacrifiées pour emmener le yorkshire chez le vétérinaire, croyant investir intelligemment les liens avec belle-maman. Laurent et sa mère en rient encore.

Jean-Michel, 39 ans, ne rentre plus en week-end chez ses parents. Christian, 62 ans, voit un peu moins ses copains mais ne change pas ses habitudes d'un iota. Pour Pierre, notre grand romantique, pouvoir se projeter dans la durée et développer des projets en commun comme le choix des vacances, par exemple, annonce une réelle confiance dans la relation. Pour lui, le temps fait l'histoire.

Ces comportements vous indiquent le genre d'homme qu'il incarne : expansif, introverti, poète, rêveur, séducteur, marathonien.. Et vous saurez reconnaître ses comportements d'amour effectif au lieu de le croire éperdument amoureux s'il vous offre douze roses rouges et envoie plus de trois textos qui, selon vous, témoignent de son ivresse. Toutes les informations que vous aurez glanées occupent une place prioritaire dans votre recherche : si l'homme que vous rencontrez se présente avec sincérité, il vous racontera spontanément son parcours affectif et évoquera en détail son programme personnel. S'il commence à louvoyer, à embellir ou trafiquer les événements, il ne sait peut-être pas lui-même où il se situe mais vous n'avez pas à en faire les frais.

Identifiez à quel endroit de son processus amoureux il se positionne. Malgré ses discours, il stagne peut-être dans la phase de « renarcissisation » à travers des aventures. A-t-il encore une dent contre l'autre sexe ? Peut-être a-t-il atteint le stade de la relation relativement suivie, mais sans investissement affectif majeur ? À moins qu'il ne soit déjà installé dans un célibat confortable gentiment visité ? Enfin, veillez à ne pas servir d'intérim amoureux ; partager une intimité ne signifie pas que vous vous engagez.

Il reste encore deux questions directes si vous avez l'impression de manquer d'éléments : « Si vous deviez tirer un bilan de vos dernières relations, qu'est-ce que vous voudriez ne plus vivre, qu'est-ce que vous changeriez, qu'avez-vous appris ? », « En général, quand vous sortez avec une femme, comment êtes-vous ? Plutôt fusionnel, distant, exigeant, jaloux, laxiste ? Et quelles sont vos valeurs ? »

Il ne s'agit pas de le piéger, mais d'éviter le plus possible les mensonges ou les réponses toutes faites : chaque homme est unique, alors autant découvrir le plus vite possible ses caractéristiques. Dans tous les cas, s'il est fait pour vous, vous aurez des années pour l'apprécier et découvrir ses mystères…

L'échange, le partage et l'écoute représentent des préludes à la relation et les ingrédients pour qu'elle dure. Vous ne vivez pas sous l'Inquisition et il n'a pas forcément envie de passer sous vos fourches caudines. Posez ces questions de femme expérimentée en plusieurs fois. Elles apportent une aide précieuse. Apprenez-les, faites un nœud à votre mouchoir, écrivez-les dans votre cahier bleu, affichez-les au-dessus de votre lit ou, tout simplement, progressez en douceur à l'occasion de plusieurs rendez-vous. Évitez le style inspecteur de police ; parlez autant de vous qu'il vous parle de lui, adoucissez les moments tendus de la conversation. Tout se joue dans l'art de poser ces questions : jouez l'humour et la séduction, riez, penchez votre tête sur le côté, comme les animaux lorsqu'ils veulent rassurer.

Et puis, faites le point après chaque rencontre. Prenez des notes : qu'éprouvez-vous le lendemain matin ? Oui, l'homme que vous avez rencontré, c'est un regard plein d'étoiles, une voix caverneuse, des épaules à soulever un piano, un nez à couvrir de baisers, certes. Mais il incarne aussi un système de valeurs, un style de vie, une sensibilité. Vous entrez en relation avec une identité complexe, faite de sous-ensembles et pas seulement d'un détail craquant.

Le premier rendez-vous

Préparez-vous

Ne banalisez pas cette rencontre. Donnez-vous du temps et de l'espace pour qu'elle se déroule bien. Posez-vous avant, respirez et mettez-vous dans un état de disponibilité et d'accueil. Portez des vêtements féminins qui vous valorisent et dans lesquels vous évoluez avec grâce et aisance. Adaptez-les à l'horaire, au lieu, à ce que vous avez cru comprendre du style de l'homme. Quand il arrive, regardez-le, souriez, en silence. Saluez-le intérieurement dans l'esprit d'une cérémonie sacrée, un peu comme si vous pratiquiez un rituel. Vous donnerez une impression normale, et vous le nimberez d'une attention particulière qu'il ne pourra pas ne pas percevoir.

Attention

Le sésame qui vous ouvrira les portes de l'amour, on ne le répétera jamais assez, se résume à ces quelques points :
• Sourire, sourire, sourire.
• Regardez dans les yeux et pas à droite ou à gauche, avec bienveillance. Ne fuyez pas son regard, au contraire, plongez dans ses lacs clairs ou sombres et noyez-vous dedans…
• Restez authentique, respirer et posez les masques, quitte à se taire pour les bavardes, à s'exprimer pour les silencieuses.

• Complimentez-le. Complimentez son look, son style, son téléphone, son chien… sans tomber dans l'extrême.
• Restez en contact avec votre cœur.
• Lisez son visage, soyez attentive à ses mimiques.
• Il regarde sa montre : s'ennuie-t-il ? Non justement, il doit partir dans dix minutes, mais il préférerait tellement rester, quand peut-il vous revoir ?
• Il semble crispé, il regarde tout sauf vous ? Clarifiez : « J'ai l'impression que quelque chose ne va pas, cela aurait à voir avec ma présence ? »
• Il sourit un peu benêt ? C'est bon signe ! Cela signifie qu'il a perdu ses moyens parce qu'il est touché.

Décodez les signes qu'il vous envoie

La brève rencontre, comme son nom l'indique, est courte, parfois fugitive, et permet simplement d'entrer en contact. Elle ne présage de rien, surtout pas de l'avenir. Vous le voyez pour la première fois, autour d'un verre. La vraie rencontre prolonge la brève rencontre, dans la foulée ou plus tard : promenade, visite d'une expo, suivi d'un restaurant, un (dernier) verre, un flirt… Passons au crible les différentes étapes d'une entrevue « type ». Imaginons qu'elle se déroule bien et qu'un dîner s'ensuive. Restez à l'écoute de vos ressentis, de ses comportements ; ils le révèlent parfois plus que ses paroles. Soyez extrêmement présente à vous-même et à lui.

La ponctualité. Le voilà ! Il débarque avec vingt minutes de retard. A-t-il besoin d'écouter France Info pour savoir qu'après dix-huit heures, le centre-ville bouchonne ? Certains hommes arrivent en retard systématiquement. Ils testent ainsi leur charme, vérifient qu'ils en ont suffisamment pour être attendus. Méfiance, cette attitude n'a rien d'anodin et votre complaisance à l'accepter non plus. Dans ce cas, vous êtes prévenue : des nerfs d'aciers alliés à une grande sérénité semblent indispensables. Parallèlement, troublé à l'idée de vous découvrir, il s'est peut-être trompé de sortie et a fait deux fois le tour du périphérique avant de vous rejoindre : un émoi prometteur...

Lui. *Travelling avant.* Comment se présente-t-il ? Porte-t-il, lui aussi, ses habits de lumière ? Élégante veste de couleur, pantalon droit et jolie chemise en jean ou « bleu » de bureau ? Look d'übersexuel ou de bûcheron canadien ? Déçue, remuée ? Vous plaît-il ?

Recadrage. Humez-le : « Eternity for men » ou docker au labeur ? Chacun se donne le soin qu'il veut bien se donner. Et en matière de d'hygiène, tout existe : Joëlle raffole des effluves virils à l'état brut ; Marie-Christine, elle, ne jure que par le déodorant. Enfin, ce n'est pas parce que vous venez de barboter deux heures dans la salle de bain qu'il doit vous imiter.

Gros plan. S'est-il rasé de près ou porte-t-il une barbe de trois jours ? Elle a acquis ses lettres de noblesse et survit à toutes les modes depuis Mickey Rourke, au détriment de certaines peaux délicates. De là à le juger... Il repassera sans doute chez lui la prochaine fois.

Son travail. Il vous explique qu'il voyage beaucoup et dépend totalement des états d'âme de son patron. Ce dernier prolonge régulièrement ses rendez-vous africains par un week-end à Dakar en compagnie de sa maîtresse. Vous semblez bien partie pour adhérer au clan des « Pénélope » qui attendent leur Ulysse. Il privilégiera sa carrière au détriment de la relation. Adieu les petites auberges normandes et leurs fameux plateaux de fruits de mer. Ceux qui travaillent beaucoup y trouvent toujours leur compte : concevoir des dossiers sous stress, se déplacer, procurent autant d'adrénaline qu'une liaison intense. Si vous exercez le beau métier d'institutrice, vous l'attendrez plus souvent qu'à votre tour. Mais, au fond, cela vous dérange-t-il ?

Autre variante : l'accro du boulot. Il ne sacrifiera ses réunions ni pour vous, ni pour une autre. Il croit qu'en produisant plus, il obtiendra plus de pouvoir, donc plus de reconnaissance. Pourtant, s'il avait remarqué la petite flamme qui brillait dans vos yeux en l'écoutant, il eût pu s'ouvrir à des horizons plus exaltants. Enfin, chacun son chemin…

Il n'a pas de job ? Cela arrive à des gens très bien, vous le savez, et plus fréquemment que vous ne pourriez l'imaginer.

Ses loisirs. Sandrine se souvient encore des week-ends de planche à voile sur le lac de Pontoise, en plein mois de novembre. Quant à Anne-Sophie, avec l'Irlande, elle a donné : elle exècre désormais en vrac, l'odeur de Barbour mouillé, la tourbe et les feux de cheminée. Enfin, demandez à Nadine ce qu'elle pense du Paris-Saint-Germain et vous la verrez sortir griffes et dents. Un hobby surprenant ne pose pas de problème, surtout quand une âme sœur se tient en face de vous. À l'inverse, trop de divergences cumulées ne facilitent pas la longévité du couple. Les passions ne structurent-elles pas la personnalité ? Interrogez-vous sur la place qu'il peut proposer entre son activité professionnelle, voire une recherche d'emploi qui annule toute disponibilité pour l'affect, et les noubas avec les vieux copains…

Ses amours : passées, présentes, futures. Son parcours affectif vous renseigne plus que n'importe quel thème astral : les femmes qui ont jalonné sa vie le dévoilent. De la fillette aux tresses rousses qui lui a tourné la tête dès le jardin d'enfants à sa blonde épouse férue d'équitation et anorexique, sans oublier Alexandra la brune vénéneuse pour laquelle il a divorcé, aucune ne compte pour des prunes. Même celle qu'il appréciait à peine ! Ne l'a-t-elle pas toujours reçu à bras ouverts les soirs de blues ? Les estime-t-il ou livre-t-il leurs intimes secrets sans vergogne ? La façon dont il parle d'elles vous indique comment il parlera de vous peut-être un jour. Ouvrez bien vos oreilles : il aime peut-être encore l'une d'elle désespérément…

Au cas où il se répandrait sur ses mésaventures avec son ex, ne vous prenez pas pour son infirmière. Une fois ragaillardi, il pourrait exercer ses talents dans les bras d'une autre. Restez dans la séduction, à l'inverse de Sylvie. Celle-ci suscite fortement les confidences, au point que les soupirants qui l'intéressent racontent leur vie en détail et finissent par lui demander ses « trucs » de femme pour reconquérir la belle perdue.

Si les jambes d'un clone d'Angelina Jolie ondulent dans les parages, un coup d'œil discret et appréciateur paraît bien naturel. Loin de vous l'idée d'emprisonner son regard. En revanche, si la sirène lui semble systématiquement plus onctueuse que votre discours, demandez-vous ce que vous faites là. Impossible désormais de l'ignorer, il disjoncte pour les grandes brunes sexy. Votre charme et vos appâts ne pèsent pas lourds face à ses canons de beauté. Bizarrement, cela ne dérangerait pas Diane. Il pourrait lorgner la terre entière, cela ne l'affecterait pas. Pour elle, chacun a ses critères. Elle ne va pas le lui reprocher… Elle a eu suffisamment de mal à dépasser les siens.

Et voilà que celui-là rend hommage à votre beauté. Même mille fois entendus, les compliments réjouissent. Avouez, vous les connaissez vos points forts. Depuis que vous êtes petite, l'entourage encense vos yeux de jade, votre taille de guêpe, votre cascade de cheveux auburn ou vos jambes de starlette. Il vous en parle aussi ? Ne prenez pas la mouche, cela prouve son contentement. Quant à votre gentillesse ou votre dimension humaine, rassurez-vous, il ne passera pas à côté : il existe suffisamment de femmes froides et bégueules pour qu'il fasse la différence.

Son idéal de vie

À l'instar de Maud, 39 ans, approfondissez les questions clés initiées précédemment.

Elle demande à Christophe, 42 ans, et François, 37 ans, les deux hommes qu'elle vient de rencontrer : « Qui rêves-tu d'être ? » Elle compare leurs réponses. Christophe rêve d'incarner le chef de file d'une nouvelle race de golden boys alors que

François rêve d'être un « sage », un homme d'influence capable d'aider ses pairs.

À la question : « Que rêves-tu d'avoir ? », Christophe rêve d'avoir un « deux-mâts » et plein d'argent qu'il fera fructifier pour se mettre à l'abri du besoin. François rêve d'avoir trois enfants, une maison et un jardin.

Et « Qu'aimerais-tu faire ? », interroge Maud. Christophe rêve de faire le tour du monde pendant plusieurs années. François aimerait écrire et publier.

Enfin : « Qu'es-tu prêt à partager ? » Christophe souhaite partager son bateau, dans dix ans, quand il pourra financièrement larguer les amarres. François est prêt à partager sa vie, sa table, ses connaissances et sa maison.

Ne vous méprenez pas dans la compréhension de vos passions, de vos projets de vie et, surtout, de ceux de l'autre. Regardez ce qui se passe pour Barbara et Thomas avec l'exemple ci-dessous.

Ses centres d'intérêt

Barbara, 33 ans, tombe amoureuse de Thomas, 38 ans, dès leur premier dîner. Il lui livre ses deux passions : les voitures et la campagne. Pas vraiment le truc de Barbara, qui rêve d'Afrique et d'humanitaire. Elle croit avoir tiré le gros lot parce qu'il lui parle d'Out of Africa dans une atmosphère chargée de savane et de cuir brûlé. Alors qu'il raconte la Land Rover et le gros gibier, elle sent le vent du soir dans la voiture qui roule toutes fenêtres ouvertes. Séduite par le projet affectif de Thomas, elle décide de jouer à la « gentlewoman farmer » au fin fond du Lubéron. Après un automne de chasse et un hiver au coin du feu, entre épagneuls et carrosserie, elle disjoncte et s'engage dans une ONG pour le Rwanda.

Apparemment l'Afrique les réunit ; en fait, elle les sépare. L'un et l'autre n'attachent pas le même prix à la savane, au voyage, à l'aventure, à la nature. Nos systèmes de valeurs nous jouent des tours et nous font rêver... l'espace d'une coupe de champagne ! Gare aux déconvenues lorsque la griserie a disparu. Nous croyons vibrer à l'unisson avec l'autre sur les mêmes passions. En réalité, nous cherchons si fort le lien que nous l'accommodons à notre sensibilité sans entrer dans les détails. Rappelez-vous les valeurs clés qui fondent votre personnalité et votre identité. Ne pas les satisfaire vous conduit inéluctablement à perdre votre cohérence interne. Bien sûr, vous pourrez malgré tout vivre une histoire amoureuse, mais à quel prix ! Le plus souvent, vous vous leurrez et vos relations aboutissent à des impasses.

Écoutez vos premières impressions

En général, le corps traduit un malaise bien avant la pensée. Que dit-il ? Que crient votre plexus solaire, votre gorge, vos tripes ? Le moindre mal de tête, la plus petite sensation d'angoisse vous mettent sur la piste : il n'existe pas de fluidité entre vous et cet homme. Peut-être un autre

261

jour votre échange se colorera-t-il d'une autre saveur ? Pour le moment, votre corps attire votre attention.

Que s'est-il passé la dernière fois que vous ne l'avez pas écouté ? Vous avez engagé une relation sans en être convaincue. Elle a duré, pour des prétextes qui n'avaient rien à voir avec vos propres préférences. Obnubilée par l'idée du couple, vous avez parfois préféré vous acoquiner avec un être qui ne correspondait pas à vos choix plutôt que de vivre seule. Souvenez-vous… À combien d'hommes avez-vous cédé, alors que la petite voix intérieure disait : « Celui-là n'est pas pour toi. Tu ne l'intéresses pas. Il veut passer la nuit avec toi, rien de plus. Son intérêt te flatte, mais c'est tout. »

Célia, 25 ans, encore étudiante, rencontre Dimitri, 28 ans, lors d'une soirée. Elle le trouve déjà mimi, pas très romantique, mais il devient beau comme Crésus dès lors qu'il lui cite, au bout de quelques minutes, le montant faramineux de son salaire. Elle l'intéresse, tant mieux ! Il la drague et sort avec elle. Deux mois plus tard, ils se séparent : il ne parle que d'argent, jamais d'amour.

Célia, et c'est humain, ne semble pas insensible à l'aisance que procure l'argent. L'amour, cependant, la mobilise davantage. Pour Dimitri, c'est le contraire : plus il gagne, plus il existe. Comment pouvaient-ils se retrouver ?

L'addition, un sujet délicat

Faites simple au moment crucial, plutôt que de prendre l'air absent et de vous précipiter aux toilettes, proposez de partager et attendez sa réaction. Il refuse ? Il se conforme aux règles théoriquement en vigueur. Remerciez-le, les hommes détestent être pris pour des portefeuilles. Il accepte ? Curieux pour un premier dîner mais, une fois de plus, gardez-vous de tout jugement de valeur ; l'argent reste un domaine si complexe. Enregistrez l'information et voyez si la situation se répète. À ce sujet deux écoles coexistent. L'une prétend qu'il doit régler, l'autre défend la position du partage et oscille entre « chacun son tour » et « on divise par deux ». Difficile de trancher dans l'absolu, tout dépend de qui parle et de ses intérêts. Pour éviter des angoisses inutiles, repensez à sa formulation : « J'aimerais vous inviter à dîner » a-t-il dit, donc pas de problème. Il n'a rien précisé ? Plus ennuyeux ! La prochaine fois, si vos moyens ne vous permettent pas de payer votre part, dites-le lui avant et attendez la riposte.

Après le dîner…

Une soudaine réunion aux aurores l'oblige à se précipiter dans les bras de Morphée ? Auriez-vous dit une grosse bêtise ? Qu'il réagisse par timidité ou manque d'élan, vous

le saurez rapidement. En revanche, vous proposer un dernier verre trahit son intérêt. En sortant du restaurant, du
club de jazz ou du bar cosy à deux heures du matin, que
décide-t-il ? Il vous dépose à une station de taxi, à votre
voiture, vous raccompagne dans votre lointaine banlieue ?
Parcourir cinquante kilomètres pour vous ramener saine et
sauve s'explique moins par une excellente éducation que par
le désir ardent de visiter votre deux pièces, à moins qu'il
n'ait réellement du mal à vous quitter... ou que ce soit vous
qui conduisiez !

Comment vous séparez-vous ? Vous donne-t-il un
rendez-vous téléphonique, un vrai rendez-vous ou a-t-il
seulement promis : « Je te rappelle » ? Vous avez tous les
deux une passion pour le ball-trap et il vous invite à jouer
dans son club le week-end prochain : tout va bien pour
vous, n'est-ce pas ?

Dans la voiture, en bas de chez lui, de chez vous,
commence un nouvel épisode. Il entame une cour discrète,
embrasse sans ambages votre gorge frémissante et baise chas-
tement votre joue rosissante. Après tout, vous êtes une
grande fille et votre mèche rebelle ainsi que vos gloussements
suggestifs lui renvoient autant de signes chaleureux. Si vous
vous fermez, il le sentira et vous pourriez même le regretter :
le premier baiser reste toujours un grand moment, surtout
quand il est partagé. Gardez-vous de flirter sauvagement sur
le siège avant de son Austin ou sous votre porte cochère.
Vous voulez tout gâcher, malheureuse ? Si cet intermède
dégénère en nuit torride, savourez ce délicieux moment,
mais ne venez pas pleurer lorsqu'il aura disparu de votre vie.
Il partira ravi et vous saluera tendrement. Des filles comme

vous, il en a déjà basculé des dizaines dans des circonstances identiques et même parfois sans passer par la case « dîner ». Jusque lors, vous sortiez du lot. Maintenant qu'il n'a plus rien à découvrir, pourquoi continuerait-il la chasse au trésor ? Pour lui, inconsciemment, vous vous comportez de la même façon avec les autres. Les humains auraient inventé le mariage pour cette raison : garantir au père que l'enfant a bien été conçu par lui. Consentante vous fûtes, maintenant, assumez ! Vous aussi, vous vous êtes délectée de ses caresses, de son désir et vous êtes rentrée comblée, non ?

Vous vous dites : « Cette fois, c'est le bon, alors pourquoi attendre ? » Vous préférez savoir rapidement si vous vous correspondez aussi au lit. À combien de reprises vous êtes-vous jetée dans les bras d'un homme fraîchement rencontré, persuadée que l'histoire démarrait, sans que jamais il ne se manifestât à nouveau ? Une âme sœur n'aurait pas été pressée, elle ! Vous auriez échangé vos émois et la naissance du sentiment aurait occupé toute la conversation. Vous vous seriez regardés avec une sorte de curiosité extatique et auriez partagé vos valeurs intimes dans le creux de l'oreille. Il vous aurait envoyé un texto tard dans la nuit, vous auriez répondu. Vous vous seriez téléphoné le lendemain, revus le surlendemain…

Alors quand bien même il insisterait pour une visite guidée de son loft en travaux, remerciez-le chaleureusement après un dernier baiser : « Une autre fois peut-être mais demain, je me lève tôt. »

Comment savoir si vous lui avez plu ?

Cette fois-ci, vous en êtes certaine, vous ne l'échangerez pas contre l'Apollon du Belvédère dont vous parle votre cousine Gaëlle depuis trois semaines. Vous venez enfin de passer une merveilleuse soirée avec un homme qui vous plaît ! Donc, avant de phosphorer sur un potentiel avenir commun, avant de vous visualiser sonnant à sa porte, vos valises à la main, demandez-vous, déjà, si vous lui avez plu ou s'il s'est diverti et a occupé sa soirée. Ce dernier cas de figure ne devrait pas arriver puisque vous avez décliné les propositions de ceux qui se démenaient dans des configurations inextricables. En revanche, le détail par le menu de toutes les phases de sa séparation, avec la description au scalpel des actions commises par sa garce d'épouse, devrait vous inciter à reprendre votre cahier : vous avez raté une étape ! L'homme séduit se dévoile rapidement : regard de velours, gestes attentifs, valorisation, complicité, projets, etc. De surcroît, il ne prendrait pas le risque de gâcher votre merveilleuse rencontre par des attitudes mesquines. Il s'emparerait donc de la note sans que la question ne se pose.

Les jours suivants

Au bout d'une semaine, il ne vous a pas donné de nouvelles ? Vous ne l'avez probablement pas fasciné. Au meilleur des cas, il vous recontactera un soir de manque, au dernier moment ou, pis encore, pour constituer la quatrième au bridge. Acceptez cette réalité, elle fait partie des règles du jeu. Parfois, vous lui plairez, mais il ne vous plaira pas ; d'autres fois, ce sera le contraire.

Patricia, 58 ans, croyait ne plus jamais entendre Julien, 54 ans. Il a donné de ses nouvelles au bout de trois semaines : il venait d'enterrer sa mère.

Stéphane, 49 ans, avait invité Bérangère, 43 ans, au restaurant. Ils se rapprochèrent sur le trottoir. La qualité de leur entente physique, inattendue, très agréable, la laissa sur sa faim. Puis il disparut. Elle attendit un peu, puis elle rencontra Armand, une âme sœur. Six mois plus tard, elle nettoie sa boîte mail. Pour fermer la boucle, elle lui écrit : « Hello Stéphane, tu ne m'as jamais rappelée, j'en ai déduis que je ne t'intéressais pas plus que ça. Qu'en était-il en fait ? Maintenant, il y a prescription, tu peux me dire la vérité. » Contre toute attente, elle reçoit dans la foulée le mail suivant : « LOL. Je dois t'avouer que je passe une mauvaise période. Je suis incapable de m'impliquer dans une relation en ce moment. Ce n'est pas parce que tu ne m'intéresses pas, bien au contraire, tu es une belle personne, et j'ai adoré ton caractère. J'ai subi trop de changements depuis un an et je réalise qu'émotionnelle-ment, je suis moins fort que j'aimerais. Depuis un an et demi, mon père est décédé et j'ai réglé son testament (dur dur…) Je me suis séparé de ma conjointe après vingt ans de vie commune, me suis fait opérer du dos (vertèbres, épreuve qui a affaibli mon moral bien plus que je ne pensais) et suis resté hors d'usage pour 3-4 mois. J'ai quitté mon ancien emploi (pas nécessairement de mon plein gré, problèmes avec le président), j'en ai retrouvé un autre, puis j'ai dû l'abandonner pour me faire opérer. J'ai vendu ma maison, j'ai trouvé un emploi dans une autre région et y ai déménagé, en me séparant de ma fille. Mon moral fluctue beaucoup, et j'ai décidé de reporter à plus tard une recherche de relation. Je ne veux pas abuser et c'est ce que je croyais le mieux de faire. Donc, je suis encore bien seul, et profite parfois des belles choses que la vie m'offre. Mais bon, on en reparlera… Bises… »

Comme quoi, un homme chaviré trouve toujours le chemin vers celle qui l'inspire. Vous rêvez toujours qu'avec vous ce soit différent, qu'un événement surnaturel se produise, comme si Walt Disney écrivait l'histoire en direct derrière l'écran. Accepter de ne pas plaire et renoncer à un homme dépassent parfois votre entendement. Or, l'alchimie d'une rencontre dépend en partie de vous. Vous attirez le reflet de ce que vous émanez. C'est le fameux effet miroir qui vous attache à l'être qui vous correspond à ce moment-là. Alors si l'homme vous semble déphasé, peu clair, qu'émanez-vous qui justifie sa réalité, là, avec vous? Quand la rencontre n'est pas juste, inutile d'insister. Rappelez-vous : « s'il n'est pas pour moi, je n'en veux pas ».

S'il vous rappelle. La fréquence de ses appels vous renseigne sur l'intérêt qu'il vous porte. L'analyse de son *timing* évite les espoirs inutiles. A-t-il téléphoné? Une fois? Souvent? A-t-il programmé une rencontre? Plusieurs? Se sont-elles concrétisées? Vous avez répondu oui partout? Félicitations!

De temps à autre, les hommes disparaissent dans la nature, même après un moment intense. Avant d'écrire à

«Avis de recherche», demandez-vous ce qui l'empêche de vous rappeler : il est à l'hôpital ; il est malade ; il ne vous apprécie plus ; il a flashé sur une autre ; son ex est revenue ; la compagnie «Air bout du monde» est en grève, il ne peut pas rentrer ; vous avez disjoncté la dernière fois que vous l'avez vu : depuis, il se terre, se ressource, prend de la distance… Peut-être est-il mort ? Ne cherchez plus, un homme qui n'appelle pas, quelles que soient ses raisons, et elles sont nombreuses, n'en a pas envie. Intégrez-le une bonne fois pour toutes.

S'il ne rappelle pas. Écoutez votre sensibilité : elle vous suggère le silence ? Attendez tranquillement et occupez-vous de vous. Elle vous pousse au mouvement ? Foncez, au moins, vous serez fixée. Au téléphone, vous le sentez chaleureux, enthousiaste, ravi de vous entendre et prêt à prendre un rendez-vous : vous vous êtes sans doute mal compris, le mieux serait d'en parler, ensemble.

Quand une âme sœur arrive dans votre vie, la réciprocité et la fluidité devraient caractériser vos échanges. Si vous le sentez glauque, hésitant, ennuyé : «Justement, j'allais t'appeler», admettez que vous ne lui avez pas plu ou que le moment n'est pas venu. Vous le trouvez carrément distant, il se souvient à peine de vous ? Soit il cherche à créer un rapport de force, auquel cas fuyez sans regrets, soit il vous a oubliée… parce que vous n'étiez pas celle qu'il attendait, parce qu'il sentait, à juste titre ou pas, qu'il ne correspondait pas vraiment à vos critères, ce n'était pas le bon moment…

Éros, un dieu qui frappe à votre porte

Au énième rendez-vous, vous ne savez pas pourquoi, soudain « quelque chose se manifeste et se donne à vivre » avec ce nouveau visage. Il ne s'agit pas d'un coup de foudre, encore moins de la fascination que le *bad boy* serait susceptible d'exercer sur vous. Vous quittez le poste d'observatrice que vous occupiez. Cette rencontre qui bouleverse, à laquelle vous ne vous attendiez plus, c'est un dieu, Éros, dont parle Fabrice Midal. Il frappe à votre porte et « une fulgurance vous secoue au plus profond de votre être ». Il occupe tout à coup un tel espace, une telle intensité que le reste du monde devient ombré. Éros vous trouble et vous ouvre le cœur « d'une manière qui ne vous laisse plus aucun repos[1] ». Éros vous pousse à aller plus loin, plus haut, à traverser vos peurs. Il vous amène à vous dépasser. Vous voilà sans voix devant cet homme. Vous sentez que pour vous, quelque chose se passe… Pour une fois vous écoutez le silence… Lui s'exprime normalement. Il propose un café, désigne le bar, s'assoit en face de vous. Éros l'a-t-il aussi approché ? Peut-être lui faudra-t-il quelques jours de plus ? Votre poitrine palpite. La puissance d'une divinité vous a frappée et vous n'y pouvez rien. Commencer à voir Éros éclaire d'un coup votre existence. Cela n'est pas votre décision. Il vient vous rappeler qu'il vous manque quelque chose

---

1. Fabrice Midal, *Et si de l'amour on ne savait rien ?*, Albin Michel, 2010.

sur terre. Comme si vous acceptiez votre finitude. Les dieux sont privés de la mort, ils sont privés de la possibilité d'aimer, pas vous ! Ce qui vous arrive semble à la fois effroyable et vertigineux. Vous voilà libérée de pesanteurs, d'ennuis, prise dans votre être tout entier. Pour vous, l'évidence s'impose, incontestable. Le chemin vers lui ne passe pas toujours par une ligne droite. Tôt ou tard, vous le rencontrerez, et la relation va démarrer, à son rythme. À terme, vous vivrez des soubresauts, des pesanteurs, et vous vous ajusterez : n'est-ce pas là le lot de toute histoire d'amour ?

Par la suite, pour ne pas le faire fuir

Règles de base

• Évitez :
– d'aborder les sujets « barbelés » : la vie commune, la présentation des enfants ;
– de laisser cinquante messages sur son répondeur. N'oubliez pas qu'un homme qui s'intéresse réellement à vous trouve toujours le moyen de vous joindre, fût-il en Australie ;
– de lui faire des scènes parce qu'il n'a pas appelé à l'heure dite ou depuis plusieurs jours ; de lui demander avec qui il était, ce qu'il faisait ;
– de l'envahir par des projets planifiés trop longtemps à l'avance. Donnez-lui le temps de vous désirer.

• Prêtez-lui une oreille attentive, ne le submergez pas de vos problèmes.

• Continuez à voir vos ami(e)s et à fréquenter les expositions. Prenez un abonnement au théâtre ou à l'opéra, lisez. Cela vous donnera matière à discussion plutôt que de geindre parce qu'il ne vous a pas appelée. Ne pas vous trouver à l'attendre renforcera d'autant son envie de vous revoir.

Quelques erreurs classiques et tragiques

Après dix jours de cour assidue, Noémie, 27 ans, craque pour Olivier, 34 ans, et décrète, avec passion, qu'il est l'homme de sa vie. Il vient à peine de la déposer en bas de chez elle, après leur première nuit, que déjà, elle laisse un message rauque sur son répondeur. Puis, elle s'endort, la tête pleine de rêves. Le lendemain, 19 h 30, entre chien et loup, l'anxiété atteint son apogée. À cette heure, elle considère que la plupart des hommes amoureux se sont déjà manifestés. Elle se force à patienter jusqu'à 20 heures. Mais elle ne tient pas. Elle pianote sur le clavier les chiffres qu'elle connaît par cœur. Ils conviennent de se voir en fin de semaine, compte tenu de leurs engagements respectifs. Ils passent une grande partie du week-end ensemble. Elle rentre encore plus éprise. Olivier lui promet de la recontacter très vite. Quand ? Demain ! répond-t-il, légèrement agacé.

Mercredi : sans nouvelles depuis dimanche soir, Noémie l'attrape, enfin, aux environs de minuit. Ils discutent longuement, de tout et de rien. Chaque fois qu'il tente de raccrocher, elle le relance. À la fin de la conversation, elle a négocié : un thé le samedi, un brunch pour lui présenter ses copines le dimanche et une exposition en nocturne, le mercredi suivant. Il se rend aux deux premiers rendez-vous mais annule le dernier. À partir de là, le compte à rebours commence.

Pourquoi ?

Telle une vague, Noémie a déferlé sur Olivier. Elle l'a englouti, lui a imposé un véritable raz-de-marée téléphonique. En quelques semaines, elle réussit à l'enfermer dans une prison dorée, éveillant en lui un besoin viscéral d'évasion. Écoutons la version d'Olivier :

Au début, j'étais vraiment séduit. Je la trouvais jolie, cool et plutôt gaie. Et puis, dès que nous nous sommes vraiment impliqués, elle ne m'a jamais permis de ressentir son absence. Elle m'appelait tout le temps, même si je venais de la voir. Quand je ne donnais pas de nouvelles, elle prenait ce ton chargé de reproches qui m'énervait. Elle commençait à gouverner ma vie, à m'imposer des sorties, sans tenir compte de mes désirs. Je n'en pouvais plus, elle m'envahissait…

Toutes les femmes ne tombent pas dans les mêmes excès. Laetitia, par exemple, 32 ans, a comme travers la prise de tête.

Laetitia et la prise de tête

Elle rencontre Olivier deux mois après sa rupture avec Noémie. Il se sent vite à l'aise en sa compagnie : elle, au moins, ne le persécute pas ! Laetitia sait ce que signifie un homme autonome. Elle le laisse venir, à son rythme, sans le diriger. Pourtant, bien qu'elle n'exerce pas de pression apparente, elle l'analyse en permanence. « Si tu réagis ainsi, c'est que tu es anxieux. Tu as mal au ventre ? Tu somatises, c'est sûr ! Qu'est-ce qui s'est passé de particulier aujourd'hui ? Tu avais peur de me décevoir, alors tu nous a concocté une petite grippe pour justifier ta fragilité ? » Son discours, parfois pertinent, aurait fait hurler de rire Woody Allen. Olivier s'en amuse mais un soir, Laetitia le submerge : elle lui démontre, brillamment au demeurant, comment il répète, dans son rapport aux autres, les modes de fonctionnement mis en œuvre pour échapper à l'incompétence de ses parents. L'homme, démystifié, cède la place à un petit garçon vulnérable. Cette mise à nu le déstabilise. Par la suite, elle balance quelques réflexions bien senties à propos des manies de son cher et tendre... en présence de ses meilleurs amis. Dès le lendemain, il se met aux abonnés absents.

Pourquoi ?

Elle ne lui passe aucun lapsus, souligne ses actes manqués, à tel point qu'il finit par les accumuler. À force d'ajuster son tir, elle l'atteint en plein cœur et le perd.

Olivier le confirme :

Elle était charmante, drôle et très originale. Elle ne cherchait pas à me squatter comme la plupart des femmes. Seulement, au bout d'un moment, je n'ai plus supporté ses séances de scalpel. Même si elle était très forte en la matière, je n'avais pas forcément envie d'être décortiqué...

Si le profil des femmes « intello psy » semble d'actualité, celui des « mamans protectrices » effectue une incontestable percée.

Anne : son travers, le maternage

Anne, 48 ans, débarque, sans préavis, dans la vie d'Arnaud, 43 ans. Elle l'inonde de conseils divers et variés. Elle remplit le congélateur et s'occupe des factures impayées. Elle lui impose même sa femme de ménage, introduisant une complice dans la place… Elle lui suggère de postuler pour un job mieux adapté : c'est évident, il se sous-estime. Dans un premier temps, sidéré par cet incroyable personnage bourré de talents, il la laisse faire. Mais vite, il se rebelle. Il lui explique qu'il a l'impression d'étouffer. Elle ne veut rien entendre et continue sur son idée : elle reprogramme la décoration de l'appartement, trop empreint, selon elle, des traces de la précédente. La rébellion prend alors des allures de mutinerie. Arnaud rassemble toute son énergie pour fuir cette « tornade blanche » et disparaît de la vie d'Anne sans aucun ménagement.

Pourquoi ?
Malgré de réelles qualités alliées à une séduction incontestable, Anne a tellement peur de ne pas être à la hauteur qu'elle a pris en charge la vie d'Arnaud, lui ôtant de ce fait toute initiative. Arnaud raconte :

Au départ, elle me dynamisait. Depuis ma dernière liaison, j'avais un peu tendance à me laisser vivre. De là à partager ma vie avec une gouvernante, il y a un monde !

Virginie, 41 ans : son travers, se caser et vite !

Virginie poursuit son objectif : la vie commune, le mariage si possible et, bien entendu, les bébés. Sous ses airs de « ne pas y toucher », elle tisse sa toile autour de Jean, 42 ans, avec une grande précision. D'abord, elle incruste ses produits de beauté dans la salle de bain et ses sous-vêtements dans le tiroir à caleçons. Ensuite, elle demande les clés de Jean. Elle a trois bonnes raisons : ne pas piétiner devant la porte en cas de retard, prendre le temps de mitonner ses petits plats favoris et se préparer à l'accueillir en déshabillé coquin. Enfin, curieusement, elle a un problème de logement : elle ne supporte plus son propriétaire, sa mère, elle arrive en fin de bail, son colocataire déménage, au choix... Simultanément, elle insiste pour le présenter à ses parents et rencontrer les siens. L'ultime stratégie consistant à annoncer, sur un ton léger, cinq jours de retard dans son cycle et à guetter la réaction... À ce stade, Jean décide de la quitter.

Pourquoi ?

Consciemment ou pas, Virginie pousse son partenaire à s'engager, trop vite. À moins de jeter son dévolu sur un homme non seulement éperdument amoureux d'elle, mais encore prêt à convoler sans hésiter, ce qui relèverait de la pathologie, elle a peu de chances, en procédant ainsi, de réaliser son rêve. Elle ne comprend pas pourquoi les hommes entrent dans sa vie sur leur grand cheval blanc et la traversent à la vitesse d'une étoile filante. Jean se justifie :

Je la voyais venir avec ses gros sabots. Je n'ai rien contre la vie à deux mais je n'aime pas me sentir manipulé, style les arrêts extatiques devant les boutiques de layette. J'étais bien avec elle. Simplement, elle m'a obligé à m'interroger, sans doute un peu trop tôt, sur ce que j'envisageais à terme. Elle voulait tout, tout de suite, cela m'a fait reculer.

Ces différentes femmes peuvent paraître caricaturales. Néanmoins, beaucoup d'hommes les ont rencontrées : des hommes « normaux », pas des séducteurs, des incasables ou des phobiques de l'engagement. Se sentant niés, ils ont, pour se préserver, choisi la dérobade, face à une relation qui n'offrait pas l'espace nécessaire à leur épanouissement. Gentes dames, si les hommes vous quittent souvent, pour des raisons indéterminées, posez-vous les bonnes questions. Et si, par hasard, vous déclinez avec talents plusieurs des tendances énoncées, ne vous apitoyez pas sur votre sort et remettez-vous plutôt en cause.

Comment entretenir par lettre la flamme de la première rencontre ?

La lettre d'amour se révèle un déclencheur puissant dans une relation amoureuse : réussie, elle deviendra un souvenir inoubliable, et tous les deux en reparlerez durant toute votre vie. Lourde et alambiquée, il oubliera instantanément la grâce de vos gestes et de vos petits yeux rieurs : l'esprit de sérieux aura tué la sensibilité de la relation, et vous regretterez d'avoir parlé avec votre tête alors que l'amour vient essentiellement du cœur. Si vous versez dans la mièvrerie, non seulement vous vous dévaloriserez à ses yeux, mais vous passerez pour une sotte, voire une midinette. N'avez-vous jamais éprouvé un vrai bonheur à écrire quelques mots doux sur des papiers raffinés, des cartes postales humoristiques ou des photos numériques ? Avouez que les plus téméraires ont de quoi hésiter. Quelques règles simples vous aideront, mais là plus qu'ailleurs, il n'existe pas de lettre type ni de modèle.

D'abord, lui écrire : est-ce opportun, trop tôt, une façon de forcer le destin ? Ou bien est-ce trop tard, superflu par rapport à la complicité déjà établie entre vous deux ? Il n'est d'ailleurs pas interdit de lui écrire si vous roucoulez depuis six mois… Mais la lettre, dans ce cas, devra apporter quelque chose de plus, une différence par rapport à ce que vous partagez. Sinon, elle passera inaperçue, même si le simple fait d'écrire étonne par les temps qui courent. Quand il trouvera votre lettre parfumée dans son enveloppe de couleur au fond de sa boîte aux lettres avec la facture d'EDF, les mailings de la Ligue contre le cancer et les prospectus de Carrefour, sa surprise vaudra bien tous les efforts que vous aurez consacrés à prendre la plume. Avant même qu'il n'ouvre votre lettre dans l'ascenseur, vous avez déjà gagné plusieurs bons points : il a la preuve que vous pensez à lui, que vous l'appréciez, que vous lui donnez de votre temps.

La question reste donc posée : comment savoir si vous devez lui écrire ? Et si oui, que lui dire ? Histoire de jeter le trouble dans nos esprits, souvenons-nous de ce qu'écrivait Paul Valéry : « En amour, les silences sont plus importants que les mots. » Mieux vaut s'abstenir, se tenir un peu à l'écart, plutôt que de couvrir de bruit la relation à peine naissante, ou de se tenir collée à lui : collée au téléphone, scotchée à la terrasse du café devant son bureau, plantée devant le terrain de foot le dimanche matin, etc.

Pour y voir plus clair, deux mots s'imposent à vous : la justesse et le discernement. La justesse, c'est cette attitude intérieure et ces comportements qui vous permettent d'être à votre place quelles que soient les circonstances, toujours dans le ton : c'est la lettre que vous lui envoyez et qui arrive au bon moment, quand consciemment il ne l'attendait pas mais qu'intuitivement il la désirait. Un seul guide peut vous indiquer si vous êtes ou non dans la justesse : votre sensibilité. Que vous dites-vous au fond de vous-même lorsque vous prenez votre papier à lettre ?

— « Tant pis, c'est trop tôt, mais je meurs d'envie de lui donner un signe » ;

— « J'aimerais tellement lui dire que je l'ai trouvé formidable et drôle hier soir ! » ;

— « C'est sans doute un séducteur qui doit adorer collectionner les femmes, mais tant pis, j'essaie quand même… » ;

— « Puisqu'il est du genre cultivé, je suis sûr que si je lui parle du dernier film que j'ai vu, ça l'intéressera ! ».

Voilà quatre dialogues intérieurs que vous avez avec vous-même et qui témoignent de votre sensibilité. La justesse, c'est donc cette envie intime qui vous fait dire : « Je désire lui écrire. » Dans ce cas, ne doutez plus : écoutez votre voix intérieure, sans complaisance ni dénigrement. Mais gardez-vous de lui écrire par narcissisme pur, par angoisse du manque ou sans désir réel.

Quant au discernement, il s'agit d'imaginer l'effet que vous voulez produire sur lui. À vous de ne pas vous enfoncer dans des phrases sibyllines à triple sens, du genre : « Je ne vous dirai pas que je n'ai pas apprécié notre soirée de mardi… »

Évitez également les approches à la hussarde alors que vous ne le connaissez que depuis deux jours : « Cela fait si longtemps que je rêve d'un homme comme vous ! » Dans les deux cas, soit il vous prendra pour une intello compliquée, soit il sera effrayé en sentant que vous lui mettez le grappin dessus.

Quel effet voulez-vous donc produire sur lui ? L'étonner, le faire rire, rêver, l'intriguer, augmenter la flamme de son désir, lui faire sentir ce que vous n'avez pas osé lui dire de vive voix, etc. Si vous avez les idées en place, votre cœur et votre sensibilité trouveront le juste ton et les mots pour le dire :

Nicolas,
Est-ce qu'une femme vous a déjà dit que vous avez une âme d'enfant derrière vos lunettes d'écaille ?
C'est ce que j'ai pensé quand nous étions au café ensemble. J'attends avec impatience le cinéma de vendredi !
Alors, à 20 heures comme promis !
Karine (sur une chanson de Zaza Fournier)

Quelques conseils pour écrire dans la justesse et le discernement

• Une lettre brève a plus d'impact qu'un long courrier où vous vous contentez de bavardage : *less is more*, comme disent les Anglais.

• La carte postale est dans l'air du temps, sans compter que l'image qu'elle porte signifie autant, sinon plus, que les mots écrits : lui envoyer une photo noir et blanc d'un cycliste de 1900 l'amusera plus que de lui souhaiter platement une belle randonnée avec ses copains dimanche prochain.

• La simplicité l'emporte toujours sur les formules compliquées : pas de mots inutiles. Au lieu de tourner autour du pot, choisissez l'expression directe.

• Cessez de gémir : « J'attends votre appel, on se revoie, vivement lundi prochain, etc. » Si vous exprimez trop votre angoisse, vous le ferez fuir à tous les coups. Vous voulez qu'il vous désire ? Soyez désirable : plus mystérieuse et distante que proche et suintante. Une femme n'attend pas un homme ; en revanche, elle fait tout pour qu'il vienne à elle. Lui écrire en vous arrêtant juste avant le rappel de votre numéro de téléphone produira plus d'effets positifs que le contraire.

• Quittez votre point de vue et centrez-vous sur lui : vous ne lui écrivez pas pour vous prouver que vous savez écrire, mais pour faire progresser la relation que vous avez avec lui et susciter sa curiosité et son allant. Donc, évitez de lui parler du tableau de Picasso que représente votre carte parce que vous ne savez pas que lui dire d'autre.

• Réservez vos serments pour le tête-à-tête : la timidité est mauvaise conseillère, et vos déclarations tomberont à plat. Mieux vaut lui dire les yeux dans les yeux qu'il a beaucoup de charme que de le lui écrire : votre lettre correspond à un appui, une aide, et non pas un substitut de la relation directe. Vous verrez son trouble, sa réaction, son attitude de vos propres yeux.

• Évitez le ton affecté et snob, même s'il appartient à une famille vieille France. Sinon, vous tuerez vos sentiments et vous obtiendrez des effets contraires à ceux attendus chez lui.

Dans les premiers moments de la relation, la lettre reste un excellent moyen d'attiser son désir et de le faire grimper dans l'échelle de l'émotion, à condition d'être dans une émotion juste, ni excessive ni préfabriquée. Mais n'oubliez pas que d'autres moyens existent : certaines envoient un DVD dans lequel elles parlent directement à l'élu de leur cœur. Sans oublier le bouquet de fleurs avec votre signature, les chocolats où le dernier livre de Le Clézio. De la lettre, vous êtes passée au cadeau : preuve que dans l'amour, seule la générosité compte et non pas l'artifice.

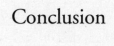

Conclusion

Aujourd'hui, notre société occidentale produit des modèles amoureux divers et variés, qui cohabitent avec plus ou moins de bonheur. De plus, il devient difficile de s'y retrouver avec les messages contradictoires véhiculés par les médias. Entre la glorification du couple, éternelle référence, et la justification du célibat, vous entreprenez de bonne foi des démarches pour aller mieux ici et maintenant, sans vous rendre compte que, finalement, vous surfez sur la partie visible de l'iceberg. Que vous consommiez des produits de beauté, du bio, des sites de rencontre ou du développement personnel, vous passez à côté de l'essentiel : ce que vous avez vraiment envie de vivre en amour.

De ce fait, si vous avez suivi toutes les étapes décrites dans ce livre, vous avez pacifié votre passé, renversé vos croyances limitantes, compris les nouveaux enjeux de la relation entre les hommes et les femmes et préparé soigneusement la venue d'une âme sœur. Vous avez même commencé à fréquenter des hommes, à flirter, voire à entrer dans une histoire.

Peut-être, au contraire, éprouvez-vous quelques difficultés à concrétiser votre projet, pourtant si important à vos yeux. Alors, qu'est-ce qui vous empêche de rencontrer une personne qui vous convienne ?

Pour commencer, posez-vous la question du manque d'ouverture. En effet, une posture de repli, attentiste, et pourquoi pas aquaboniste, une forme de rigidité liée à des peurs, l'espoir vain que quelque chose change, vous empêchent d'entrer en lien avec l'autre. Ces attitudes inconscientes sont supposées vous protéger des risques encourus à partager l'amour.

À l'inverse, portée par la complaisance de ceux qui travaillent sur eux depuis trop longtemps, vous avez tout fait, tout compris, vous vous délectez de vos blessures, décortiquez vos traumatismes et, finalement, vous préférez porter un sac à dos plein de fantômes rassurants plutôt que d'aller réellement voir là où le bât blesse : ce noyau dur que vous refusez de visiter. Vous vous contentez de tourner autour et veillez à ne pas trop approcher ce qui vous apparaît comme un précipice.

À ce stade, revenir aux valeurs du féminin s'impose. Si vous enfilez une armure chaque matin, utilisez un vocabulaire de corps de garde, sifflez comme un garçon, râler à outrance ne fera jamais de vous un homme. Cette énergie passée à vous travestir en guerrier évite d'entrer en contact avec votre vulnérabilité… La peur de vous dévoiler, voire d'être manipulée l'emporte sur l'authenticité. Accueillir un homme dans votre vie relève donc de l'impensable. Bienveillance et gratitude à l'égard des cadeaux de la vie constituent des pistes pour avancer.

Si, à l'inverse, vous échouez dans la prise de décision, le passage à l'acte, la capacité à vous positionner (oser dire non), piocher dans les valeurs du masculin s'impose : affirmation, volonté et puissance guideront vos premiers pas vers le respect de vous-même.

Enfin, écoutez votre corps, observez ce qui vous arrive, ressentez et prenez le risque de l'amour !

Si vous n'avez pas encore attiré une âme sœur, peut-être avez-vous raté une étape… Repassez-vous le film et analysez la scène que vous avez ratée. Nul doute que le prochain sera le bon !

Table des matières

ÉTAPE 2

J'ASSUME MA PART DE RESPONSABILITÉ DANS CE QUI M'ARRIVE

291

Étape 3

JE TIENS COMPTE DE LA RÉALITÉ
J'OBSERVE LE PAF
(Perspectives Amoureuses des Femmes)

ÉTAPE 4

JE DÉFINIS MON PROJET ET JE ME DONNE
LES MOYENS DE LE RÉALISER

ÉTAPE 5

JE RENCONTRE UN HOMME
QUE J'AIME ET QUI M'AIME

Pour en savoir plus et me faire part
de vos expériences :
www.leprochaincestlebon.com
www.cafedelamour.fr

Suivi éditorial : Caroline Pajany

Composition : IGS-CP (16) à l'Isle d'Espagnac
Impression : Marquis Imprimeur, juin 2011
Éditions Albin Michel
22, rue Huyghens, 75014 Paris
www.albin-michel.fr

ISBN 978-2-226-21773-8
N° d'édition : 19475/01.
Dépôt légal : janvier 2011.
Imprimé au Canada.

Marquis imprimeur inc.

Québec, Canada
2011